杭州优秀传统文化丛书
Hangzhou Youxiu Chuantong Wenhua Congshu

岁时有佳节

陈顺水 著

杭州出版社

图书在版编目（CIP）数据

岁时有佳节 / 陈顺水著 . -- 杭州：杭州出版社，2022.8
（杭州优秀传统文化丛书）
ISBN 978-7-5565-1854-8

Ⅰ.①岁… Ⅱ.①陈… Ⅲ.①节日—风俗习惯—杭州 Ⅳ.① K892.1

中国版本图书馆 CIP 数据核字（2022）第 132877 号

Suishi You Jiajie

岁时有佳节

陈顺水　著

责任编辑	郑宇强
装帧设计	章雨洁
美术编辑	祁睿一
责任校对	陈铭杰
责任印务	姚　霖
出版发行	杭州出版社（杭州市西湖文化广场32号6楼）
	电话：0571-87997719　邮编：310014
	网址：www.hzcbs.com
排　版	浙江时代出版服务有限公司
印　刷	天津画中画印刷有限公司
经　销	新华书店
开　本	710 mm × 1000 mm　1/16
印　张	16.25
字　数	200千
版印次	2022年8月第1版　2022年8月第1次印刷
书　号	ISBN 978-7-5565-1854-8
定　价	58.00元

（版权所有　侵权必究）

序 言

文化是城市最高和最终的价值

我们所居住的城市，不仅是人类文明的成果，也是人们日常生活的家园。各个时期的文化遗产像一部部史书，记录着城市的沧桑岁月。唯有保留下这些具有特殊意义的文化遗产，才能使我们今后的文化创造具有不间断的基础支撑，也才能使我们今天和未来的生活更美好。

对于中华文明的认知，我们还处在一个不断提升认识的过程中。

过去，人们把中华文化理解成"黄河文化""黄土地文化"。随着考古新发现和学界对中华文明起源研究的深入，人们发现，除了黄河文化之外，长江文化也是中华文化的重要源头。杭州是中国七大古都之一，也是七大古都中最南方的历史文化名城。杭州历时四年，出版一套"杭州优秀传统文化丛书"，挖掘和传播位于长江流域、中国最南方的古都文化经典，这是弘扬中华优秀传统文化的善举。通过图书这一载体，人们能够静静地品味古代流传下来的丰富文化，完善自己对山水、遗迹、书画、辞章、工艺、风俗、名人等文化类型的认知。读过相关的书后，再走进博物馆或观赏文化景观，看到的历史遗存，将是另一番面貌。

过去一直有人在质疑，中国只有三千年文明，何谈五千年文明史？事实上，我们的考古学家和历史学者一直在努力，不断发掘的有如满天星斗般的考古成果，实证了五千年文明。从东北的辽河流域到黄河、长江流域，特别是杭州良渚古城遗址以距今5300—4300年的历史，以夯土高台、合围城墙以及规模宏大的水利工程等史前遗迹的发现，系统实证了古国的概念和文明的诞生，使世人确信：这里是古代国家的起源，是重要的文明发祥地。我以前从来不发微博，发的第一篇微博，就是关于良渚古城遗址的内容，喜获很高的关注度。

我一直关注各地对文化遗产的保护情况。第一次去良渚遗址时，当时正在开展考古遗址保护规划的制订，遇到的最大难题是遗址区域内有很多乡镇企业和临时建筑，环境保护问题十分突出。后来再去良渚遗址，让我感到一次次震撼：那些"压"在遗址上面的单位和建筑物相继被迁移和清理，良渚遗址成为一座国家级考古遗址公园，成为让参观者流连忘返的地方，把深埋在地下的考古遗址用生动形象的"语言"展示出来，成为让普通观众能够看懂、让青少年学生也能喜欢上的中华文明圣地。当年杭州提出西湖申报世界文化遗产时，我认为这是一项需要付出极大努力才能完成的任务。西湖位于蓬勃发展的大城市核心区域，西湖的特色是"三面云山一面城"，三面云山内不能出现任何侵害西湖文化景观的新建筑，做得到吗？十年申遗路，杭州市付出了极大的努力，今天无论是漫步苏堤、白堤，还是荡舟西湖里，都看不到任何一座不和谐的建筑，杭州做到了，西湖成功了。伴随着西湖申报世界文化遗产，杭州城市发展也坚定不移地从"西湖时代"迈向了"钱塘江时代"，气势磅礴地建起了杭州新城。

从文化景观到历史街区，从文物古迹到地方民居，众多文化遗产都是形成一座城市记忆的历史物证，也是一座城市文化价值的体现。杭州为了把地方传统文化这个大概念，变成一个社会民众易于掌握的清晰认识，将这套丛书概括为城史文化、山水文化、遗迹文化、辞章文化、艺术文化、工艺文化、风俗文化、起居文化、名人文化和思想文化十个系列。尽管这种概括还有可以探讨的地方，但也可以看作是一种务实之举，使市民百姓对地域文化的理解，有一个清晰完整、好读好记的载体。

传统文化和文化传统不是一个概念。传统文化背后蕴含的那些精神价值，才是文化传统。文化传统需要经过学者的研究提炼，将具有传承意义的传统文化提炼成文化传统。杭州与丛书作者在创作方面作了种种古为今用、古今观照的探讨交流，还专门增加了"思想文化系列"，从杭州古代的商业理念、中医思想、教育观念、科技精神等方面，集中挖掘提炼产生于杭州古城历史中灵魂性的文化精粹。这样的安排，是对传统文化内容把握和传播方式的理性思考。

继承传统文化，有一个继承什么和怎样继承的问题。传统文化是百年乃至千年以前的历史遗存，这些遗存的价值，有的已经被现代社会抛弃，也有的需要在新的历史条件下适当转化，唯有把传统文化中这些永恒的基本价值继承下来，才能构成当代社会的文化基石和精神营养。这套丛书定位在"优秀传统文化"上，显然是注意到了这个问题的重要性。在尊重作者写作风格、梳理和讲好"杭州故事"的同时，通过系列专家组、文艺评论组、综合评审组和编辑部、编委会多层面研读，和作者虚心交流，努力去粗取精，古为今用，这种对文化建设工作的敬畏和温情，值得推崇。

人民群众才是传统文化的真正主人。百年以来，中华传统文化受到过几次大的冲击。弘扬优秀传统文化，需要文化人士投身其中，但唯有让大众乐于接受传统文化，文化人士的所有努力才有最终价值。有人说我爱讲"段子"，其实我是在讲故事，希望用生动的语言争取听众。今天我们更重要的使命，是把历史文化前世今生的故事讲给大家听，告诉人们古代文化与现实生活的关系。这套丛书为了达到"轻阅读、易传播"的效果，一改以文史专家为主作为写作团队的习惯做法，邀请省内外作家担任主创团队，组织文史专家、文艺评论家协助把关建言，用历史故事带出传统文化，以细腻的对话和情节蕴含文化传统，辅以音视频等其他传播方式，不失为让传统文化走进千家万户的有益尝试。

中华文化是建立于不同区域文化特质基础之上的。作为中国的文化古都，杭州文化传统中有很多中华文化的典型特征，例如，中国人的自然观主张"天人合一"，相信"人与天地万物为一体"。在古代杭州老百姓的认知里，由于生活在自然天成的山水美景中，由于风调雨顺带来了富庶江南，勤于劳作又使杭州人得以"有闲"，人们较早对自然生态有了独特的敬畏和珍爱的态度。他们爱惜自然之力，善于农作物轮作，注意让生产资料休养生息；珍惜生态之力，精于探索自然天成的生活方式，在烹饪、茶饮、中医、养生等方面做到了天人相通；怜惜劳作之力，长于边劳动，边休闲娱乐和进行民俗、艺术创作，做到生产和生活的和谐统一。如果说"天人合一"是古代思想家们的哲学信仰，那么"亲近山水，讲求品赏"，应该是古代杭州人的生动实践，并成为影响后世的生活理念。

再如，中华文化的另一个特点是不远征、不排外，这体现了它的包容性。儒学对佛学的包容态度也说明了这一点，对来自远方的思想能够宽容接纳。在我们国家的东西南北甚至是偏远地区，老百姓的好客和包容也司空见惯，对异风异俗有一种欣赏的态度。杭州自古以来气候温润、山水秀美的自然条件，以及交通便利、商贾云集的经济优势，使其成为一个人口流动频繁的城市。历史上经历的"永嘉之乱，衣冠南渡"，"安史之乱，流民南移"，特别是"靖康之变，宋廷南迁"，这三次北方人口大迁移，使杭州人对外来文化的包容度较高。自古以来，吴越文化、南宋文化和北方移民文化的浸润，特别是唐宋以后各地商人、各大商帮在杭州的聚集和活动，给杭州商业文化的发展提供了丰富营养，使杭州人既留恋杭州的好山好水，又能用一种相对超脱的眼光，关注和包容家乡之外的社会万象。这种古都文化，也代表了中华文化的包容性特征。

城市文化保护与城市对外开放并不矛盾，反而相辅相成。古今中外的城市，凡是能够吸引人们关注的，都得益于与其他文化的碰撞和交流。现代城市要在对外交往的发展中，进行长期和持久的文化再造，并在再造中创造新的文化。杭州这套丛书，在尽数杭州各色传统文化经典时，有心安排了"古代杭州与国内城市的交往""古代杭州和国外城市的交往"两个选题，一个自古开放的城市形象，就在其中。

"杭州优秀传统文化丛书"团队在传统和现代的结合上，想了很多办法，做了很多努力。传统文化丛书要得到广大读者接受，不是件简单的事。我们已经走在现代化的路上，传统和现代的融合，不容易做好，需要扎扎实实地做，也需要非凡的创造力。因为，文化是城市功能的最高价值，也是城市功能的最终价值。从"功能城市"走向"文化城市"，就是这种质的飞跃的核心理念与终极目标。

2020年9月

（单霁翔，中国文物学会会长）

西湖十景图（局部）

目 录

001　引　言

第一章
生活习俗——吴风越韵润有声

005　用船和夯织出的水乡婚俗
016　张家墩上有趣的生育礼俗
021　千年古刹别具一格的茶宴
029　堪称满汉全席的十六回切
036　美丽山乡佳山坞过半年节
041　漂浮在新安江水面的婚礼
047　行进在四季里的江南时节

第二章
生产习俗——吉日初开种稻包

055　稻作习俗：唱响在田野上的歌谣
061　蚕桑习俗：贴着蚕花廿四分的标签
070　捕鱼习俗：打捞水中漂浮的记忆

079　商贸习俗：店规商道里的风情

第三章
岁时节庆——鼓声劈浪鸣千雷

089　过年，西兴祝福祭黄山
095　元宵，河上龙灯动地来
103　清明，超山万人轧蚕花
109　立夏，半山送春又迎夏
115　端午，蒋村龙舟迎胜会
122　七夕，坎山祭星为乞巧
129　腊八，灵隐寺里施粥忙

第四章
传统庙会——暖风熏得游人醉

137　田汝成邂逅吴山庙会
146　张岱眼中的西湖香市
155　大山深处的娘娘传奇

163　老东岳里深夜审疯子

172　一口井演绎元帅庙会

180　百花仙子喜闹花朝节

186　古镇龙门的盛大狂欢

193　南湖塘上的天曹庙会

第五章

民间祭祀——凭将清泪洒江阳

203　朱家村赛猪头祭祖先

210　杭州有个元宵钱王祭

218　李村抬阁祭白山大帝

226　新叶三月三迎神祭祖

234　渌渚感天动地孝子祭

引 言

人说"一方水土,一方文化"。自然造化的一方山水乡土,自从有了人类在这里生息耕耘,便在与自然和历史的互动中,逐渐凝结起一种文化气质的精灵。它恰似一股清泉,缓缓流淌在人们的心田血脉之中,从而孕育出一方民俗风情,让生活在这里的人们产生强烈的认同感和归属感。这一方民俗风情,也就成了一地的文化基因和文化标识。

从四五千年前的良渚古城一路奔驰而来的杭州城,具有夹江、拥湖、环山的独特地理环境,以及浓厚古都遗风的文化氛围,使这方水土积淀和传承着多姿多彩、特色鲜明的风俗习惯。有从民间生活中衍生而来的生活习俗,有在人们劳动中生发的生产民俗,还有纷繁冗杂的岁时节庆,因民间信仰而形成的祭祀习俗,以及让人眼花缭乱的传统庙会,等等。天堂杭州这一膏腴之地的满目风情,真是映睁炫目,美不胜收。那就让我们细细听着下面这些五花八门的民俗风情故事,从中体味一下杭州人文的独特神韵。

第一章
—— 生活习俗
吴风越韵润有声

杭州这片土地，大多属于春秋时期吴、越国的交汇之地，也是五代时吴越国的心腹之处。杭州，山光水色、桑田村落，长期浸润着吴风越韵的灵秀之气，滋生了富有吴越文化特质且丰富多彩的民间生活习俗。这些林林总总的生活习俗，产生于民间，传承于民间，深植于民间，成为广大民众的一种生活文化。

民间生活习俗是人类在长期的日常行为、社交、休闲等活动中逐渐形成的，且因地域之别而多姿多彩。

比如，男大当婚，女大当嫁，这是旧俗中人生之常理。杭州一带，旧时的婚姻，须有父母之命，媒妁之言，婚俗十分繁复。当然，当代的杭州人，也许没有了传统婚礼那种繁复的规矩，自由恋爱、集体婚礼已经成了一种社会风气。可是，在五常、蒋村等一些水乡，如今仍存续着富有水乡特色的传统婚礼；在建德新安江三江口的一个小村落，那里九个姓氏的渔民后代，还保留着特殊的水上婚礼习俗。

又比如，喝茶是杭州人日常生活中的一件平常事。茶，是平常人家开门七件事——柴米油盐酱醋茶之一。可在千年古刹、南宋时为江南"五山十刹"之首的径山寺，一场别开生面的茶礼茶宴，其庄重的仪式仪规，禅茶一味的精神内涵，有别于民间的茶会，成为寺僧生活的一部分，而且还是日本茶道的源头。

这些蕴含着杭州独特地域文化的生活习俗，可从以下几则故事中有所领略。

用船和夯织出的水乡婚俗

明崇祯元年（1628）四月，刚刚完成率兵镇压"流寇"的任务，旋即从江西返京的钱塘洪瞻祖[①]，没顾得上擦一把汗，就立马向皇帝朱由检递交了一份辞职报告，要求告老还乡。

这好端端的在朝中捧着"铁饭碗"，而且还一路战绩辉煌的他，怎么会想着要辞职"下岗"了呢？

若要说个中缘由，除了洪瞻祖自己感到因连续作战而身心疲劳以外，就是他夫人接二连三地传来信件，催促他赶快回家给老大不小的小儿子完婚，而这也许是洪瞻祖告老还乡的主要原因吧。

崇祯皇帝看到由贴身大伴递上来的这份辞职报告后，不由得思考再三。最后，拿起桌上的御笔，在这份辞职报告上批了两个字——"允准"（即同意），就此圆了洪瞻祖的回乡梦。

归乡心切的洪瞻祖，一拿到崇祯皇帝的批文，便整理行装，日夜兼程，回到了钱塘西溪钦贤乡（今杭州余杭区五常一带）洪家埭。

[①] 洪瞻祖，字诒孙（一说贻孙），生卒年不详，明杭州府钱塘县人。万历二十六年（1598）进士，选翰林院庶吉士。后官兵科给事中，出使琉球，升南京都察院右都御使，南赣巡抚。死后被追赠为太子少保、兵部尚书。

西溪洪家埭这个地方，属典型的水乡，河流纵横，塘漾棋布。人们出行和生产劳动，都是以舟代步，划船而行。而且，这里竹林森森，红柿满枝，芦花如雪，自然风光非常优美，是一个十分宜居宜游的风水宝地。难怪从外地移居而来的洪氏家族会选在这里落脚。

洪瞻祖回到洪家埭后的第二天，便去了位于村中心的洪氏宗祠，祭拜先祖。

这洪氏宗祠临水而建，前后三进，砖雕门楼，相当气派。在洪氏宗祠第三进的正中位置上，供奉着洪皓的神牌。他是江西鄱阳洪氏迁到杭州的第一代，西溪洪氏认他为先祖。

这洪皓也算是个了不得的人物。南宋建炎三年（1129），他以代理礼部尚书的身份，带着高宗求和的国书出使金国。金朝宗室名将完颜宗翰逼迫他到金廷操纵的伪齐刘豫处去当官，被洪皓严词拒绝，结果洪皓被金国扣留十五年，其间还被放逐至气候苦寒的冷山（今黑龙江省五常市冲河镇）。后来，因洪皓始终坚贞不屈，金国觉得对他无计可施，最终将他放还南宋。

洪皓回国以后，朝野上下是一片称赞声，称他为"宋之苏武"。宋高宗更是大加赞赏，称赞他"忠贯日月，志不忘君，虽苏武不能过"。洪皓告老还乡后，宋高宗还在钱塘县钦贤乡给他赐御田三顷。啧啧！这是很高很实惠的一份奖励了。

洪瞻祖祭拜好先祖之后，回到家里，对他夫人说："幼子年纪已大，女方八字也已经合定，那我们就选个日子把这门婚事给圆了吧。"其实夫人比他还要急，只是这老头连年在外征战，刚刚回到家，也就暂且不提罢了。

这大户人家办喜事可是十分讲究。这天,洪瞻祖举起老花眼镜,在翻一本老黄历。翻着翻着,便对夫人说:"夫人,这八月初六是个黄道吉日,我们就择这日为儿子的正婚日吧。"

说着,就差人带上写有迎娶日子的大红帖子,以及女方置办回门酒所需的银两,用一条小木船载着媒人,划去女方家。

一到女方家,媒人将写有正婚日子的大红帖子递给女方家的男主人,向女方通报男方迎娶之日。这在五常一带叫作"开话"或"通日"。

女方收到男方下的"通日"帖子后,便回帖一封,上面写着:"祥年瑞月,吉日良时"。意思是同意八月初六这天为迎娶之日。

"开话"以后,男女双方便开始忙于婚礼的各项筹备工作。这天一早,洪瞻祖叫来管家,对儿子婚礼的筹备事宜一一作了布置,并吩咐他,要亲自督办。

女方的准新娘,这些日子也够忙碌的了。今天是娘舅家叫做客,明天是姑夫家叫吃饭……至亲们纷纷邀请她去吃"移嫁饭",欢送她即将移嫁夫家。

转眼到了八月初五,也就是洪家小儿子娶亲的前一天,是正婚日的前奏曲,这天俗称为"起媒日"。

这天下午,在洪家大管家的亲自督办下,备就了红包、拜帖以及分别装有鱼、肉、鸡、鹅的四个拜盒,派四人摇着船,送去媒人家,并且接媒人来洪家吃晚餐。这餐饭,俗称"起媒酒",表示男方感谢媒人一路过来撮合的辛劳。

次日，八月初六，黄道吉日到了。这天，秋阳艳艳，暖风习习，西溪芦花荡里雪白的芦花，被风吹得像蝴蝶一样四处纷飞。

一大早，四个帮工就开始给迎亲的大航船扎彩棚了。船的顶部和两侧，装挂着油得锃亮的竹席，船四周装饰红绸带和红绸花，船顶篷前后各挂两只大红灯笼。这打扮华丽的迎亲彩船，丝毫不比现代的婚车逊色，而且那摇摇晃晃的悠悠柔情，更有它的独到之处。

迎亲彩船在这碧波微微的水面上，恰似一座艳丽的花轿，将承载一对新人的幸福与梦想。

这边在装饰迎亲船，那边洪家厅堂里司茶的茶厢工正忙着布置婚礼大堂。中堂上置好堂帷，柱子围着绣花抱单，中堂两侧的六把太师椅上，铺上绣花椅片；地上铺红毡，四张正桌前方围上绣花桌帷，接新娘的花轿就停放在厅堂中央。

这时候，身着紫红色绸袍和黑色马褂的洪瞻祖，满面喜气，来到厅堂，巡视了一下这婚礼大堂的布置，频频点头，觉得非常满意，然后指定两名堂弟在堂前两边各挂上一只大红灯笼。

此时，媒人走上前来，向东家道喜，向男方的娘舅、姑夫见礼，然后对洪瞻祖说："东家，迎新娘的时辰到了，可以启程了吧？"洪瞻祖一边点头一边说："吉时已到，各路齐备，立即启程。"

号令一出，吹奏班顿时扬起足有一丈长的号筒，"呜呜呜"三响后，以唢呐领头的梅花锣鼓奏起了欢快的乐曲。娘舅、姑夫各提堂前灯笼一只；邻居帮工挑上四个拜盒；

司公（当地俗称，即厨师）带上接帖（即亲翁帖、尊舅帖、陪亲帖、报门帖、谢帖）和一对报门烛，提一个拜盒（即两盒鹅蛋粉）；银盆先生（即掌包先生）带红包，与喜娘、鼓乐队等一班人登上迎亲船。接着，花轿抬至迎亲船船头。

一切停当后，鸣铳两响，由两名堂兄，架起大橹、小橹，摇着迎亲船，启程去女方家接新娘子。

大约一个时辰后，迎亲船摇至女方家河埠头，小唱吹响两把唢呐，敲起两面大锣，告诉女方：我们来啦！

锣鼓一响，女方家左邻右舍的众多小孩，提着一只只小水桶迎了上来，围住河埠，向迎亲船讨"接水包"（即讨喜包，沾沾喜气）。掌包先生连忙上岸，在每只水桶内放一个红包，众小孩高高兴兴、蹦蹦跳跳地离去了。

接着，司公、媒人一起上岸，来到女方家门前。女方家大门口放着一把椅子，大门稍开一缝。掌包先生心知肚明，连忙从提盒中拿出"开门包"，向门缝内塞去，门即大开。

女方家东户阿爹向男方司公接来"报门烛"，点燃后供于堂上。这时，花轿进门，停于堂中，众迎亲人等落座，女方家敬茶，敬糖果。

打扮得花花俏俏的喜娘，可是婚礼中的忙人。她一边招呼男方来接亲的人，一边将新娘穿戴的凤冠霞帔递给新娘母亲，笑嘻嘻地说："赶快去给新娘穿戴，好风风光光地出嫁呀！"

喜娘跟着新娘母亲走进新娘房间，从口袋中拿出两根红丝线，沾了些"鹅蛋粉"（鹅蛋形的化妆粉），用双手卷着丝线,给新娘"开脸"①。这也许就是旧时女孩出嫁时的化妆了吧。

司公在堂前地上铺席,先铺上一层芦簟(即用芦苇编织而成的席,寓意夫妻平等),再在上面铺上红毡毯。红毡毯上放好一把椅子,椅子边上放一个缠着红丝绵的水轴头(即纺丝绵的轴头),请新娘的父亲坐在椅子上。

接着,新娘子的娘舅走进房间,将已经开过脸、穿戴好凤冠霞帔的新娘,从她嫂子房内抱了出来,放在她父亲的膝上,新娘的两只脚踏在这水轴上。

要说这新娘出嫁脚踏水轴,是当地一个习俗,表示人虽出嫁,但父女之情似水轴一样,长流不断。

这时,喜娘扭扭摆摆地端来一碗热腾腾的"离娘饭",喂给新娘吃。这饭里放有长梗白菜和猪心,寓意新娘是父母用长梗白菜饭抚育长大的,要牢记于心,不可忘却。

父母养育之恩,当终身以报,这可是我们中华民族的传统美德呀!

司公拉开嗓子,在一边唱夯:"吃得娘家三口饭,保佑娘家千年好,保佑夫家万年兴。娘家千年好,夫家万年兴。"接着大喊一声:"上轿接福赐大吉,新娘上轿喽!"娘舅一把抱起新娘放进了花轿。

与此同时,女方家帮工将嫁妆一一抬到送亲船上。司公向女方父母送上拜帖,有亲翁帖、尊舅帖、陪亲帖、谢帖等,请他们登船送亲。然后,花轿起身,小唱即刻吹打,既是锣鼓喧天,又是唢呐声声,吹吹打打中将花轿抬至迎亲船上,置于船的中舱。

① 开脸,即用丝线与鹅蛋粉在新娘脸上夹取汗毛。

花轿放置停当后，新娘的小兄弟跳到船头，用脚在船板上噔噔噔重蹬三脚，这叫作"煞浪"，保送亲途中一路风平浪静。

这时，鸣铳三响，迎亲船在前，送亲船在后，直向男方家摇去。途中逢其他娶亲船，则鸣铳示敬，一路逢村、逢桥、遇船都要吹唢呐，敲大锣。

也就一个多时辰后，迎亲船到达洪家埭男方家的河埠。只见洪瞻祖一身正装，早就站在河埠相迎。娘舅、姑夫手提灯笼立于河埠两边，迎接花轿上岸。

司公站在河埠头，大声唱夯："一顶花轿到村上，两边青草绿茶茶（音）；鸳鸯成双又结对，夫妻和睦乐陶陶。"这司公有声有调的夯声，恰似河水泛起的一阵阵欢腾的细浪。

花轿接上岸后，洪瞻祖迎接女方送亲的人上岸。这时，司公又在一边唱夯："恭恭敬敬，并肩相迎，添喜添彩，礼当共进。"如此，锣鼓、唢呐齐奏，洪瞻祖双手相拱，引着亲家和送亲人等一起来到洪家厅堂内。

花轿抬至堂屋中央停下，送亲的人在一厢落座，茶厢工首敬糖茶，再敬茶果。洪家大管家点燃堂上龙凤花烛，司公在花轿顶上插上十对细蜡烛，然后与喜娘、轿夫围着花轿传递"银龙盘"（即梳头盘）四圈。盘内盛有米若干，两个红鸡蛋，两段甘蔗，一盏油灯。

司公一边传递"银龙盘"，一边唱夯："一转银龙长命富贵，二转银龙万年蚕香，三转银龙千年和好，四转银龙金玉满堂。"传毕，司公唤喜娘添灯芯，两人共夯："尖尖玉手添灯芯，添得夫家万年好，保佑蚕花廿四分。"

灯芯添好后，司公将"银龙盘"交由洪家大管家拿到新郎新娘婚床顶摆放。喜娘即扶新娘出轿，新娘脚踏红毡于东首最大位置的椅子上落座。此时的新娘，身穿凤冠霞帔，是一生中最幸福的时候。

若说开去，相传曾受南宋皇帝赵构册封，凡浙江姑娘出嫁时按娘娘礼对待，可穿戴凤冠霞帔，可坐在最大的位置上。

随后，娘舅、姑夫各持状元红烛一支，进房接新郎。司公跟随唱夯："有请新郎登堂。"新郎走到房门口时，司公又夯："二请新郎登堂。"三请新郎到堂之后，喜娘扶新娘起立。司公随即唱夯："冲天大门皇，月中喜月，日中喜日，选出黄道吉日，吉日黄道，今年子生年辰。新娘玉手不便，喜娘代上宝香。一上线香，二上门香，三上儿来宝香。"喜娘三上香毕，新郎新娘行结作礼拜堂。

司公一边扶着新郎，一边唱夯："一拜拜天地，二拜拜高堂，夫妻对拜！"

此时，从洪家屋内抛出喜糖、桂圆、红枣，村坊里前来观看的男女老少纷纷抢接喜糖，添添喜气，场面又是一阵欢乐。

夫妻拜堂完毕，喜娘给新娘敬茶。第一碗是糖茶，第二碗是红茶。司公的夯声再起："扬子江中水，泰山顶上茶，手托真金碗，敬茶一礼，请候。"敬茶毕，司公喊："堂上纸马相送！"并又唱夯："来似快马，去似祥云，去马奉送。"茶厢工即用长钳夹起神桌上供奉的"纸马"到户外烧毁，大管家在燃烧的"纸马"四周浇上神水。

送去纸马后，喜娘给新娘吃小汤圆。然后，司公高声唱道："送新郎新娘进洞房——"一堂兄拿一支花烛在前引领，新郎手拉司公衣角，喜娘一手拉新郎衣角，一手拉着新娘的手，后面跟着一堂兄手拿花烛，众人慢步走向新房。

司公唱夯："堂前撒把蒲蒲松（砻糠，即稻谷的壳），传宗接代到房中。"一边夯，一边将砻糠撒在地上，并有两人在地上铺麻袋，一只接着一只向前铺去，新郎新娘脚踏麻袋进入洞房。

花烛放于婚床前的桌子上，一对新人落座床沿。床上撒有花生、红枣、糖果、橘子、桂圆等物，以示新郎新娘早生贵子。

新郎新娘在床沿落座后，喜娘端上一碗甜汤圆，分给新娘新郎同吃。司公在一旁唱夯："圆圆甜甜，夫妻和睦；甜甜圆圆，白头到老。"然后，司公用秤杆梢挑起新娘的红盖头。此时，新娘才露庐山真面目。

司公将秤杆挂于床头，以示新郎新娘相互称心如意。随手摘走新郎腰间挂着的红丝绵包，里面装有甘蔗和红鸡蛋。

过了一会儿，喜娘领着一对新人出房，拜见公婆及族长大人。

新媳妇首先来到洪瞻祖夫妇跟前，向公公婆婆恭恭敬敬地行大礼。洪瞻祖夫人见到刚过门的小媳妇，好似出水芙蓉，秀丽端庄，喜从心来，乐得是合不拢嘴。

一旁的洪瞻祖轻轻咳了一下，提示夫人别只顾端详新媳妇了。夫人这才突然想起，赶紧从口袋里掏出一个大红包，双手递给第一次见面的新媳妇，笑着说："愿你们相敬如宾，恩恩爱爱，让我早点抱孙子喽！"

洪家今天是宾朋满堂，喜气冲天。三间厅堂正中四桌为正桌，宴请女方家贵客和重量级的宾朋，每桌只坐六人。厅堂左右两间，共摆八桌，每桌坐八人。鸣铳三响开席。

深夜，宴席散尽，新郎新娘入洞房，又是一阵闹洞房的欢乐。

第二天，新郎新娘"回门"，去女方家拜见岳父岳母。新娘在出门前，按当地规矩，要把嫁妆箱的钥匙交给婆婆，由婆婆开箱查看女方嫁妆。

新郎新娘吃好回门酒，新郎给岳母递上一沓请帖，邀请岳母、嫂子、叔伯母等到洪家做客，称"亲家上门"。

这天，新郎新娘等到天黑才动身回家。新郎出门时，他母亲有交代，须按照当地说法："回家不见脚，进门就大发。"

小链接：

五常"水乡婚礼"于2008年被列入第二批杭州市余杭区非物质文化遗产代表性项目名录；同年被列入第二批杭州市非物质文化遗产代表性项目名录；2012年被列入第四批浙江省非物质文化遗产代表性项目名录。

水乡婚礼习俗历史久远，明清至中华人民共和国成立初，在杭州平原水乡广为流传，各地大同小异，繁简不一。改革开放后，该习俗逐渐式微。如今，五常水乡婚礼成为西溪湿地公园的一项特色表演项目，吸引众多游客前来观赏。

张家墩上有趣的生育礼俗

婚后添子，是人们的普遍诉求。因而，旧时民间有"不孝有三，无后为大""多子多福"之说。

这不，清朝末期的时候，钱塘县城郊外有个小村庄，名叫张家墩。村庄上有一户张姓的人家，生有张老大、张老二两子。张家世代以种田、养蚕为业，家境还算殷实。可美中不足的是张老大婚后五年无有添丁，那张家自然就把传宗接代这重任压在了张老二身上。

这年的农历十月初八，是张老二的大婚之日。十月初七这天，张家照例举办"起媒酒"，敬谢媒人。

这天，张家煮了二十六个鸡蛋，用颜料把每个鸡蛋染成红色，装在一个红色的托盘里，派人送到了女方家，作为第二天女方家陪嫁之物。

说来也有点意思，张家墩人结婚用红鸡蛋，那是这里的一个风俗。他们认为鸡蛋是生育的象征，陪嫁之物中有鸡蛋，就能添子添孙；同时红色也表示喜庆。这些红鸡蛋，在新娘嫁到男方家后，分发给前来贺喜的亲朋好友。按当下的话说，就是提前分享他们早日添子的快乐。

哎，老天还真是圆了张家的求子梦。张老二婚后不久，他媳妇就怀孕了，这让张家真是喜出望外。

张家媳妇十月怀胎已到分娩当月，这在当地称"达月"。张家媳妇的娘家知道女儿快"达月"了，早就准备好了礼物，有红糖、挂面、鸡蛋、核桃等，这是给产妇用的；还有婴儿出生后穿戴的鞋帽、毛衫、抱裙等物，打捆成一个红包袱，在女儿"达月"初，兴冲冲地给女婿家送去。这在当地叫"催生"，即催促产妇按时平安地让婴儿呱呱坠地。若是催生一月内未生产的，还得重新催生一次。

张老二的媳妇在娘家催生之月平安地生产了，而且还是个男孩儿，这让张家更是兴奋不已。

张老二在得子的当天，一路小跑，来到岳父母家报喜了。张老二的岳母赶紧给女婿煮了六个糖鸡蛋，兴奋之中的张老二，狼吞虎咽地把六个糖鸡蛋一扫而光，他是从嘴里甜到了心里。

张老二岳母家得到这喜讯后，第二天便赶去女婿家，给女儿"送汤"，看望产后的女儿。"送汤"用红糖三斤、挂面三斤、桂圆两斤、鸡蛋二十八个，还有给新生儿做衣服的布料。

这几天，张家是门槛都快被人踏平了。除了产妇娘家，张家七姑八姨、堂兄堂弟等亲朋好友，也纷纷前来"送汤"。有送糖、面、鸡蛋的，有送滋补物品的，有给新生儿送衣服、鞋袜的。

转眼，张老二的儿子降生一个月了，民间俗称"满月"。这时，张老二的媳妇结束坐月子的生活，可以去户外活动，也可去邻居家串门，婴儿也可抱出去玩耍了。

那天，张家特地为新生儿置办了两桌"满月酒"，请小孩的娘舅、姑夫、姨妈等至亲，一起前来喝一杯"满月酒"。酒桌上是有说有笑，欢乐一堂。

当张家小媳妇抱着满月的婴儿走到堂屋时，满月婴儿的舅舅拿出一个虎头帽，戴在小外甥的头上，再给小外甥穿上虎头鞋。然后，给小外甥挂上绣有虎纹、内装历本的历本袋。虎镇百兽，民间取之以辟邪。

满月酒的中餐热热闹闹地吃过后，张家奶奶从房中抱出"满月儿"，交给婴儿的姑夫抱着，要给孙子剃"满月头"了。

张家奶奶拿来一把剪刀，在围裙上擦了两下，然后在小孙子头上象征性地剪了几下。

当地民间有俗语称：若是男孩，即"前三后四（前面剪三下，后面剪四下），识文解字"，孩子长大后知书达理；若是女孩，则"前七后八，描云插花"，孩子将来心灵手巧。可见这望子成龙、望女成凤的传统观念深深地根植于民间。

张家奶奶把孙子头上剪下来的胎发，包在一张红纸里，并剪了一撮狗毛，与胎发混在一起，搓成一个发球，再用红丝线缚住发球，挂置大门梁上。她嘴里还轻轻地念道："我这小孙子呀，日后像狗一样健壮。"

婴儿剃好满月头以后，由舅舅抱着，撑着一把阳伞，在村坊上兜上一圈。舅舅一边走一边说："小外甥长大后不怕生人，能广结人缘。"

眼睛一眨,张老二的儿子出生一百天了,当地民间俗称"百禄儿"。

旧社会农村,婴儿接生工作大多由民间的接生婆完成,且医疗卫生条件差,所以婴儿百日内死亡的比例较高,能安全度过百日并健康成长是非常值得庆幸的事了。

孙子百禄日这天,张家奶奶捧出一个木盒子,打开盒盖,揭开盖着的红纸,取出一把明晃晃的"长命锁",挂在了小孙子的脖子上。

这长命锁是用白银制成的,用一根长长的银链系着一把"心"形的银锁,锁上面刻有"长命富贵"字样。

百禄日这天晚餐,张家给小孙子"开荤"(即第一次尝荤菜)。张大伯用筷子夹了个鸭舌头,放在孙子嘴上,让孙子尝了尝。再夹了块鳜鱼,让孙子用嘴巴咂了咂。

这小孩"开荤",民间有说法:用鸭舌头,寓意这孩子长大后嘴巴灵光,能说会道;用鳜鱼(当地俗称"鲦花鱼"),寓意孩子长大后记性好,读书好。还有用猪尾巴"开荤"的,说是有尾有后,传宗接代。

春夏秋冬,日月轮回,张老二的儿子已到周岁。张老二自然要给"周岁儿"庆贺,除了置办周岁酒,还让儿子来一次"抓周",以预测孩子的未来。

张老二在堂前八仙桌上放置了一个蚕匾,蚕匾里放秤杆、钱币、印章、书本、毛笔等物。在桌旁放三条凳子,一条高凳,一条方凳,一条矮凳,让儿子先爬上矮凳,再爬上方凳,最后爬上高凳,讨"步步高升"的彩头。

然后让儿子爬进蚕匾,任他随意去抓取匾里的东西。儿子在匾里东摸摸,西抓抓,最后抓取了一支笔。这让张老二心花怒放,觉得儿子长大后会读书成才。

其实,无论孩子抓到什么,大人都会借题发挥,夸耀孩子聪明伶俐。

这形形色色、生动有趣的生育礼俗,无不蕴含着人们追求人生平安、生活幸福的美好愿望。

小链接:

民间生育礼俗,是人类敬重生命的一种表达,古已有之。其中的一些习俗,如今仍在杭州一些地方传承着,如催生、送汤、满月、抓周等。其诸多习俗作为"传统婚俗"组成部分,被列入杭州市余杭区非物质文化遗产代表性项目名录。

千年古刹别具一格的茶宴

"烹煎凤髓龙团,供养千个万个。""一茶一汤功德香,普令信者从兹入。"这是径山寺第二十五代住持密庵咸杰《径山茶汤会首求颂二首》中的诗句。

唐天宝年间,有一天清晨,一名身穿僧侣服饰的中年人,正沿着一条上山小道,双手不时拨开路两边的荆棘,一步一步地向径山顶走去。当他到达山顶时,极目四望,禁不住大声喝道:"啊,正是此地也!"

这位中年人是谁?他为什么要到这径山来?他与径山茶宴有什么关系呢?请听我细细说来——

这位登径山的中年人,法名法钦,号国一大觉禅师,是吴郡昆山(今江苏昆山)人,俗姓朱氏。这法钦身高七尺,性格温雅,而且从小熟读经史。因此,他二十八岁那年,在乡里的人才选拔中获得第一名,被推荐去参加省考。

当他上京赴考途经丹阳的时候,听说这里的鹤林寺有一位非常有名的玄素禅师。从小就对丛林[①]有倾慕之心的法钦,突然改变进京赶考的初衷,调转头去了鹤林寺,

①亦称"禅林",佛教僧众聚居的寺院。

拜见了玄素禅师。

法钦跟随玄素学佛一年以后，决定辞别师父，往南方去游学。在他临行的时候，对玄素禅师说："师父，我这次去南方云游，请您指点行径。"

玄素禅师不假思索地对他说："你这次南游，乘流而行，遇径即止。"

法钦辞别师父以后，沿着运河一路南下，经杭州折向西行。当他来到余杭境内时，听说离此地不远有一座径山，便想起临行前师父的话——"遇径即止"。于是，他就直奔径山而去，沿上山小道登临径山顶。这也就是我们在前面看到的那一幕。

说到径山，因径通天目而得名，是浙西天目山的一支余脉，最高峰凌霄峰海拔七百六十多米。

浙西天目山，好似一位雄伟的巨人，向东伸展着他粗壮的两臂，形成南北两支余脉。"天目山垂两乳长，龙飞凤舞到钱塘。"东晋名士郭璞的诗句，点明了杭州一带的山发脉于浙西天目山。其山脉奔腾迤逦之势，就像龙腾凤舞那般。

话说法钦沿着小道登上径山顶，向四周望去，周围有五个山峰罗列，苍翠夺目，奇巧幽邃。而他所站的地方，就像是五个手指伸开后的手心。他心中暗想：这是一块宝地、福地呀，所以师父才会叫我在这里驻足弘法。

于是，法钦便在山顶结茅而居，开山弘法。到了唐大历三年（768），唐代宗下诏杭州[1]，以法钦开山所建之庵建"径山禅寺"，并列为皇家官寺。

[1] 释赞宁：《宋高僧传》卷九《唐杭州径山法钦传》。

再说法钦在径山开山后，便在山上开垦土地，种植茶树，初为采茶供佛，后至以茶待客。这也许可以说是"径山茶宴"的滥觞了。

朝代更替，转眼过了三百多年，到了南宋王朝建都临安（今杭州）。

一天，接替高宗赵构，登基不久的孝宗皇帝赵昚，在翻阅一本有关曾任杭州通判的苏东坡的图书时，看到有关苏东坡曾经四次上径山的记载，而且留下诸多诗篇，其中有诗句"飞楼涌殿压山破，朝钟暮鼓惊龙眠"，写的就是径山寺的盛景。

赵昚心想：苏东坡这个大文豪都多次登临径山，那这个径山寺一定有它的独特之处。想到此，便立即传话下去："明日上径山。"

第二天，孝宗皇帝偕已经移居德寿宫的高宗赵构，在一帮侍从的簇拥下，来到径山寺。

径山寺第二十一代住持大禅了明禅师，早就站在山门外迎候孝宗皇帝一行。见到孝宗皇帝和高宗赵构，他双手合十，微笑道："皇帝幸临径山，乃我临济①之大福也。"

这大禅了明禅师，还是由孝宗皇帝下诏选任的。其长身大腹，是大慧宗杲禅师八十四弟子之一，原为南京长芦寺住持，是禅宗临济宗派在径山的布道者。

孝宗皇帝一行在大禅了明住持陪同下，进殿向佛祖进香。欣然间，孝宗皇帝命住持取来笔墨，乘兴提笔，写下"径山兴圣万寿禅寺"八个大字，并吩咐侍从，从

①临济，即临济宗，禅宗南宗五个宗派之一。径山寺原为"牛头派"，后改临济宗派。

国库中拨出一笔资金，扩建径山寺。

从此，径山寺土木大兴，名声远播。经过几年的建设，殿宇辉映，楼阁林立，有僧众三千之余，天天是梵呗不绝，法席之盛冠于一时，径山寺成了佛教禅宗临济宗派的重要道场。

到了南宋乾道四年（1168），径山寺被朝廷敕封为御前皇家功德院，同时也被列为江南禅院"五山十刹"之首，还被誉为"东南第一禅院"。

寺院出名了，各路僧俗纷至沓来，就连日本的僧侣也远渡重洋来径山寺修习禅学，并且还带回去大量茶籽和饮茶器具，后来在日本开创了茶道。

就在这个时期，径山寺逐渐形成了以茶待客、以茶礼宾的仪规礼俗，始称"茶汤会"，即后来俗称的"径山茶宴"。

来得早不如来得巧。这天，扎堆游径山的一批文人，正巧赶上了即将在径山寺明月堂举行的一场茶汤会。

明月堂大门旁的一块挂牌上，张贴着一张红色的茶榜，茶榜上写着"兹于某月某日巳时在明月堂特设茶汤会，恭请僧侣乡贤莅临，品茗修禅，融和一堂"。

从门外向明月堂里望去，堂内陈设古朴简约，正壁高悬着一块写有"明月堂"三字的巨匾，白底黑字，分外醒目。下设佛龛香案，供奉佛祖。两侧端挂名人字画和"茶禅一味"的书轴。

这时，室内正在布置茶席：长方形的茶台子设在堂

径山茶宴

中央,上有香炉、插花。首座设在正上方,前摆踏脚,是住持和尚主持茶宴的法席。中堂两侧周围依次设置有茶座,为高背座椅,左右相对。茶台一侧设茶桌子,上面放置各种茶具用器——

有竹茶笼(焙)、砧椎、茶碾、茶磨、水勺、茶罗、茶帚、盏托、茶碗、汤瓶、茶筅和茶巾等。此外,还有香案、香炉、风炉、水丞、茶盘、茶匙等器具,以及茶药(末)、茶食、香花、甘泉、木炭等。其中茶碾、风炉、茶匙等,多采用石器、竹木器、金属器等。

茶宴时辰到,一名司鼓手持鼓槌,由缓到急、由轻到重敲击设于中堂左侧的一面大鼓。鼓声在山间回荡,犹如一曲欢快的迎宾曲。

阵阵茶鼓声中,宾客由知客引领,缓缓进入明月堂,在座位前站立,等候住持到来。

接着,四名僧人各击打铃、钵等法器,缓步走出明月堂，来到方丈楼，向住持行礼后，恭请住持起身，并引领住持进入明月堂。住持缓步入堂后，在佛像前拈香礼佛。上香后，住持入席首座，面容安详。

住持向各位宾客致礼、问候，众宾客双手合十向住持致礼，住持回礼。此后，住持入座，僧人、宾客随即依次正身端坐。

如此礼仪，让参加茶宴的这批文人啧啧称道，深感中华传统礼仪文化博大精深！

住持和宾客入座以后，开始煎汤点茶。径山茶宴中的煎汤点茶，是用团茶碾磨后煎煮的，不像我们现在用散茶冲泡而饮。

先由茶头在茶台上煎好茶汤，备盏分茶。然后用茶筅搅拌茶汤，当绿色的茶汤浮出乳白的汤花，茶头就分盏，托盘上堂，依次奉茶于主宾席前。

茶汤分毕，主宾取盏，先闻香，再观色，然后举盏吃茶。如此茶过三巡之后，僧侣送上茶食、水果。茶食是米面素食、甜品，水果则是时令鲜果。

行盏品茶后，有一位侍者高声喝道："请和尚放参——"

住持即兴颂偈，与宾客进行叙谈交流，参禅问道。这场面是僧俗一堂，圆融自在，让人颇受心灵洗涤。

径山茶宴，宴必有颂，颂即偈颂。茶宴上颂偈，那是禅家的"玄关"，是禅家在机锋问答中的紧要处，祖师常用以验证学人是否开悟、见性。通过颂偈参话，以求取偈颂中的机语，使修习者方便记忆，也能提高境界，使人"百尺竿头，更进一步"。

凡主持过径山茶宴的一些住持，在茶宴上都有偈颂，有的累计多达一百多首。如径山寺第四十二代住持虚舟普度，元代至元十七年（1280）主径山，他举行茶汤会（即茶宴）。《全宋诗》留有其偈颂一百二十三首，其中一首如下：

> 忆昔当年错访寻，被他用尽毒肝心。
> 赚来赚到凌霄顶，火冷云寒恨转深。
> 冤可解，不可结，必竟如今甚时节。
> 打拳何似吃拳时，此理明明向谁说。
> 旋汲龙渊万丈深，烂煮春茶翻白雪。

从这首偈颂中可见，宋末元初时径山寺举办茶宴，用的是碾茶（团茶），需要烧煮，而"翻白雪"正是宋人崇尚"茶贵白色"的佐证。

颂偈参话结束，住持起身，上香礼佛，然后与宾客行礼道别。这时，宾客起身还礼，来宾代表上前向寺院住持作揖行礼，以表谢茶之意。住持领首致意后缓步退堂，宾客随即雁行退堂。

杭州的游客凡是参与过这别具一格的径山茶宴之后，人人都心有感悟，深感中华茶文化的博大精深，以及径山茶宴中禅茶一味的独特神韵。

小链接：

"径山茶宴"是宋元时期江南禅院茶会茶礼中的一种形式，兴于中唐，盛于两宋，式微于明清。"径山茶宴"于2011年被列入第三批国家级非物质文化遗产代表性项目名录。

南宋时期，径山寺中兴。明代正德以后，径山寺日渐衰败，至中华人民共和国成立前，已基本颓废。1987年开始，径山寺进行局部修复。2011年开始，径山寺按两宋时规格实施扩建工程，"径山茶宴"也在径山寺中恢复传承。

堪称满汉全席的十六回切

说完径山寺以茶为宴,接着要说的是一场满汉全席式的江南民间宴席,欢迎吃客们来品评。

金庸的小说和同名电视剧《射雕英雄传》,可以说是家喻户晓,郭靖和黄蓉这两个人物还成了不少人的偶像。在小说《射雕英雄传》第七回中有这样一段描写,郭靖和黄蓉来到一家小饭馆,装扮成小乞丐的黄蓉对小伙计大声喊道:"喂,伙计,先来四干果、四鲜果、两咸酸、四蜜饯。"[1]这店小二原本以为这小乞丐也就随便弄点吃吃而已,听到如此点菜,而且说得这么内行,一下子就被唬住了。

其实,金庸笔下的四干果,就是荔枝、桂圆、蒸枣、银杏;两咸酸是砌香樱桃和姜丝梅;四蜜饯就是玫瑰金橘、香药葡萄、糖霜桃条、梨肉好郎君。

这是文学作品中的菜名啊,生活中有吗?小说中的黄蓉来自江南,事实上,江浙一带确实有这样的宴席菜式,那素有"江南满汉全席"之称的桐庐"十六回切",便是一例。

[1] 金庸:《射雕英雄传》(第一卷)(新修版),明河社,2013年。

"十六回切",俗称"十六会签",这是流传于桐庐境内一款源于南宋时期的民间宴席。这宴席的菜肴和礼数,实属一种礼仪文化与民俗文化的融合体,是中华民族礼仪之邦的一种象征。

杭州人对数字历来有讲究。"十六回切"中的"十六"这个数字,就有许多讲究,这是桐庐民间主人与亲友之间礼尚往来所使用的一种最高级别的礼数,称为"全礼"。

这与国家欢迎外国元首时,要鸣放二十一响礼炮有类似的道理。这二十一响,也代表最高礼仪。据说是源自英国,因为英国崇尚七数,二十一是七的三倍数。而我们中华民族过去崇尚四数,代表"东南西北"四个方位,"春夏秋冬"四季又代表全年,因此,"四"这个数是个"全数","四色礼"自然也就是"全礼"了。

四个四数是十六,桐庐民间便把"十六"作为一种礼数。这个礼数在桐庐一般用于最珍贵的客人或亲友,

江南名宴"十六回切"

比如新女婿、亲家公、恩师等的第一次上门，或者是在祝寿时才举行如此盛宴。

桐庐民间的"四色礼"，或者叫"四色盘""四色包头"，它当中的每一"色"是由四样物品组成的，也就是四四十六样东西。

那么，这"十六回切"为什么又叫作"十六会签"呢？

那是因为"会"有"合"与"聚"的含义，也就是合聚在一起。而"签"在古汉语中有很多种解释，其中在《康熙字典》中有一种解释："《博雅》：签、簸，笼也。"古时的"签"，有人考证是蒸制菜的竹编器皿。尔后，到了南宋时演变成一类菜的总称，它属于宴席中的高档菜肴，叫"签菜"，就好像是现在的大龙虾等高档海鲜。"会签"，就是桌面十六礼数的菜盘，以"签菜"为领头，形成"八大八小"的热菜。

说到这里，大家也许想亲眼见见这"十六回切"宴席了。说来正巧，桐庐县一户章姓人家今天是新女婿第一次上门，章家决定以"十六回切"款待新姑爷。

说曹操，曹操就到。这章家新女婿已经来到了章家门前，帅气的面庞，高高的个子，可谓是一表人才呀！早在门口等候的岳父、岳母，连忙把新姑爷引进门，边喝茶边交谈，其乐融融。

这边客人正在喝茶，那边堂前的八仙桌上已经在陆续上十六个冷盘了。这十六个冷盘称为"压桌菜"：

四鲜果：甘蔗、橘子、荸荠（去皮）和青橄榄。这四鲜果用四只高脚盘盛装，摆于八仙桌的四角，称"四挑角",俗称"四吊角"。这是合了八卦中的乾、坤、巽、艮"四调角",分别代表西北、西南、东南、东北四个方向。

四干果:花生米、西瓜子、杏仁和松子。

四糕点:橘红糕、糖枣头、核桃酥和豆沙酥。

四冷荤:熏鱼、火腿片(或香肠)、皮蛋和海蜇皮。

十六个冷盘上全以后,岳父大人请新女婿和娘舅、姑夫入席,宾主各就各位。宴席开始,主人说了几句欢迎的话,按现在的话来说,就是致欢迎辞。

致辞毕,主人先向客人敬酒,接着是新女婿向岳父大人回敬酒,然后其他客人向主人回敬酒,再客人间相互敬酒。

桐庐"十六回切"宴所用的酒必是黄酒,当地民间称黄酒为礼酒。饮酒用小盅,不得大碗喝酒,而且"饮必小咽",以示儒雅之气。

酒过三巡后,主人先举箸,示意客人先吃菜,以示对客人的尊敬。

接着,就上十六道热菜。这十六道热菜,俗称"八小八大"盘子。

何为"八小八大",又为何以小领头?这就是民间宴席与宫廷宴席之区别了。民间宴席只能"以小带大",即小炒带大菜。因此,不仅碗盘要小,就连食物也要做小。而宫廷宴席是"以大带小",也就是大菜带小炒。

十六道热菜先上来的是"四热炒",属小炒类热菜,用高脚盘盛装。

这"四热炒",既不使用同一种方法烹制,上桌的顺序也有讲究。

第一道菜上来了,岳父对新女婿说:"这道热炒菜是'网油鱼卷',是在油锅里炸成的鱼卷,快尝尝。"接着上的是"西卤海参",属烩类热炒菜,这是因为在第一道炸类热炒菜上桌以后,第二道必然会跟上带有汤汁的热菜。这也是前人"饮食有序"的习俗。第三道上来的热炒是"油爆肚尖",属爆类热炒菜。跟着第四个热炒是"荔枝腰花",这属于炒类的热菜。其实,荔枝腰花并不是荔枝炒腰花,而是用刀在猪腰上切刀花,然后下锅爆炒成荔枝形状,而且这道菜甜中带酸,味似荔枝。

上完"四热炒",接着是四大菜。这四大菜俗称"四大全""四稳菜",那是整个宴席的一组台柱菜。按桐庐民间的乡风,食材是鱼、肉、鸡、鸭,而且必须是整条、整块、整只、整盘烹制而成。

"来了!"随着端菜的一声喊,第一道大菜"白汤鳜鱼"上桌了。这是用烧制的烹饪方法制成的一道大菜。第二道大菜是"虎皮扣肉",这属于一道蒸类的菜。民间认为"虎皮扣肉"属白虎神的一道菜。此菜上桌后,主人起身,到门外去放了四个炮仗。那第三道上来的大菜是"油淋仔鸡"。这道菜用龙须垫底,将鸡切成八块并炸制后放在龙须上,称"龙凤呈祥"。第四道大菜是清炖的"八宝全鸭"。这时,主人频频举筷,示意新女婿和客人品尝,还夹了一块鸭腿给新女婿。可见这岳父大人挺喜欢这新姑爷。

033

四大菜之后，上来四点心。点心是两甜两咸。两甜是银耳莲子羹和八宝饭。这莲子羹是锅里熬的，八宝饭是蒸的。那两咸点心是太极酥和灌汤小笼。

桐庐民间宴席有一个规矩，在最后一道大菜上来之后，接着会上一道带汤汁的甜菜，让你换一下口味。

正在宾主一起品尝点心时，丈母娘满面笑容地出来给新女婿斟酒了。她手捧锡酒壶，眼睛却看着新姑爷，连酒溢出酒盅都毫无察觉，正所谓"丈母娘看女婿，越看越欢喜"。

这边在斟酒，那边就上来了"四饭菜"，意思是给你下饭的菜。

这"四饭菜"为半荤半素。第一道是"桂花鱼羹"，这是一道熬制的菜。第二道是"大尾龙须"，一碗八只，每人一只。这道菜是桐庐的老菜，选料高档，龙须是绿豆龙须，"大尾"是用每只重二两多的对虾晒成的，只留对虾的尾部，其头、身剥去外壳腌晒，形似凤尾，故名"大尾"，与龙须搭配，其意不言而喻。第三道是"四样荤素"，用二荤二素食材炒制，也是"四饭菜"中必有的一道菜。第四道饭菜是"菜心肉圆"，这做肉圆的料可不像现在是用绞肉机绞碎的，而是厨师用刀剁成的，味道可不一样。

顾名思义，这"四饭菜"上全了，饭也快吃好了，那四四十六冷盘、四四十六热菜的"十六回切"宴也就要至此谢幕了。

这新女婿受到岳父母如此高的礼仪款待，心中自然喜悦，也平添了几分对长辈的孝敬之心。古语说，滴水之恩,当涌泉相报!

目睹了桐庐"十六回切家宴"之后,是否觉得这真的与一百零八道菜的满汉全席可以比肩?是否觉得那上菜"先生后熟、先冷后热、先荤后素、先咸后甜、先干后稀、先小后大",以及"先炸、炒、爆、烩、熘,后蒸、煮、炖、烧、熬"的一整套程式,是多么富有节奏感,恰似一曲美妙的乐章,由序曲至尾声,起承转合,环环相扣,高潮迭起,余音不绝,呈现色、香、味、形、器的强烈旋律感,令人回味无穷?是否觉得这"十六回切"中蕴含了"嘎西多"(杭州方言,这么多的意思)的民间礼俗,在中华美食文化中可称得上别有一番风景?

小链接:

桐庐"十六回切家宴"始于南宋,为民间最高规格的宴席,在杭州地区属少见。"十六回切家宴"于2012年被列入第四批浙江省非物质文化遗产代表性项目名录。如今,桐庐"十六回切家宴"作为乡村旅游特色项目进行开发传承,在促进乡村振兴中发挥着积极作用。

美丽山乡佳山坞过半年节

农历六月的西湖，粉红色的荷花已经纷纷开放了，在硕大的绿色荷叶的衬托下，显得格外妖娆，连空气里也充满了荷花那清香的气息。

这天清晨，从苏州来杭州西湖游玩的苏先生，站在西泠桥上，望着这一大片红绿相映的景色，便情不自禁地吟诵起杨万里的诗句："接天莲叶无穷碧，映日荷花别样红。"

他这一吟不要紧，却惊动了站在他身后的一名游客，这名游客操着浓重的萧山口音对苏先生说："西湖的确是非常漂亮，可是我们萧山佳山坞后天的过'半年节'，也是难得看见的呀。"

苏先生听了这名萧山游客的话后，心想：算着不如撞着，过"半年节"倒是没有听说过，既然是难得一见，那就去见一见吧。于是，第二天，苏先生"拖"着家人，跟着这名萧山游客从杭州出发去了萧山楼塔镇佳山坞村。

一路上，苏先生好奇地问萧山游客："别地只有过春节，你们那里怎么会有过'半年节'的习俗呢？"

这名萧山游客回答说："这个事体说来话长了。我也是听老辈说的，南宋淳熙年间，有一年夏天，好长时间没有下雨。我们佳山坞村是个田地很多的地方，因为大旱，水稻没法下种，农作物全都枯黄了，村民们却只能望天兴叹。"

萧山游客喝了口茶，接着说："就在这辰光，有人说，供在诸暨纸槽坞的王三相公有降雨的神力。这样，村里就派人前去纸槽坞请来王三相公的神像，虔诚地供奉了七天七夜后，果然喜降甘霖，使佳山坞重新变得生机勃勃。"

"第二天，也就是农历六月十四日，村民们敲锣打鼓地将王三相公送回诸暨。没想到，非常结实的轿杠压断了三副，王三相公就是不肯起身。村民们赶紧焚香祝告：感谢王三相公神力，保佑佳山坞村风调雨顺，愿年年今日献牲供奉。这样祝告以后，村民们顺顺利利地抬着王三相公的神像，送他回到了诸暨。"

"从那年开始，佳山坞村建造了祈雨寺，每年六月十四举行祈雨活动，村民们都邀请各地的亲戚过来团聚，过这个夏日里的年节。这样，我们这个地方就有了在六月十四这天过'半年节'的风俗。"

萧山游客还说："'半年节'在我们这里是非常隆重的，村民们都要放鞭炮，宴请宾客，这热闹的情景与过春节差不多。"

这故事讲完，苏先生也跟随萧山游客到了萧山南端的楼塔镇大同一村佳山坞自然村了。

只见佳山坞这个小山村，青山环抱，竹林似海，清澈的溪流由山间潺潺而下，空山新雨后，淡淡的云雾在山顶缭绕，久久不见散去……

这个风景如画的山乡，今天正处在一片热闹的气氛中。有的在杀猪，有的在宰鸡杀鸭，有的在裹粽子，有的在做巧果（一种油炸麦制食品），有的在贴对联……尽管这六月的气温已达三十三摄氏度，然而这过"半年节"的场面"热度"丝毫不逊色于气温。

第二天，正是六月十四了。苏先生和他的家人起了个大早，来到村头的祈雨寺。可是，莫道君行早，这里的村民早就聚集在这里了。

苏先生一眼望去，只看见古色古香的祈雨寺前，高高地竖着两只大灯笼，足有二十多米高，灯杆上装饰乾坤八卦等图案，两侧挂满小灯笼。他好奇地问身边的一名村里人："这大灯笼是做什么用的？"

这名村里人告诉他："这大灯笼，我们这里叫'高照'，竖得越高越好，是专门用来祭祀王三相公和求雨的。"

这名村里人接着说："做人哪，不能忘恩负义。我们村里的人对为民造福的这位王三相公是念念不忘的，每年都要祭祀这位恩人。"

接着，他用手指向祈雨寺边上的一块石碑说："我们村还专门立了一块碑，把这件事情刻在石碑上，教育后人要知恩图报。"

说着，祭祀仪式开始了，村民们纷纷给王三相公进香。霎时间，祈雨寺前烟气氤氲，恰似一片茫茫的薄雾，在山林中弥漫着、弥漫着。

突然，一阵鼓乐声响起，从人群中走出一位老者，只见他径直走到祈雨寺大门前，面向寺内肃立。这时，众乡亲纷纷站到这位老者的身后，在老者的率领下，向寺内的王三相公行三叩礼。

俗话说，入乡随俗。苏州来的这名苏先生也与佳山坞村民一起叩拜王三相公，并问身旁的村民："这位老者是什么人？"村民答道："他是我们村里的族长，在村里威望很高的。"

正说着，这位族长慢慢地拉开用黄绢做成的卷轴，朗声诵读祈雨祭文。祭文大意是王三相公降雨救民，大恩大德，应当永世不忘；同时祈求风调雨顺，五谷丰登。

这朗朗的声音在山间回响，它是佳山坞村民"鱼知水恩，乃幸福之源"这一朴素情感的表达，也是佳山坞村民向往幸福生活的共同心声。

祈雨祭文诵读完毕，众人一起再行叩拜礼。接着绕场一圈，口呼："请王三相公降雨！"然后焚烧祭文。

这时，看见有一位大伯用树枝蘸水洒向人群，童男童女们齐声高喊："落雨了！落雨了！"于是乎这雨便纷纷地下着，人们一片欢腾雀跃，丰收的希望装满了每个人的心间。

这里欢呼声刚落，那边楼塔细十番音乐声已经响起。由打击乐器和管弦乐器组合而成的十番乐队，阵势强大，演奏的一曲曲《傍妆台》《八板》等传统曲牌，音韵清脆，优雅宜人，仿佛是天籁之音在这小山村回荡。

当苏州客人苏先生正沉醉于这音乐声的时候，忽听得有人在叫他，他循声望去，就是前天在杭州西泠桥上偶遇的那名萧山游客，其实他就是佳山坞人。

好客的萧山人对苏先生说："今天这个日子，在我们佳山坞有一句话，叫作'欢迎你来佳山坞，家家都是亲戚家'，你们一家就到伢屋里去做客吧。"苏先生再三推辞不成，盛情之下，只能是恭敬不如从命了。

苏先生看到，这天佳山坞的每家每户都是宾客盈门，其乐融融，恰似又一个春节，亲情、友情与热情装满了这小小的山村，他深感中华民族的礼仪文化的渗透力如此强大！

到了晚上，小山村佳山坞更是变成了一个欢乐的海洋。这边是莲花落表演，那边是对对子、猜谜语，还有腰鼓队在扭秧歌……欢乐的山村，欢乐的人群，那是人们对国泰民安、风调雨顺、生活幸福的祈盼与欢呼。

小链接：

过"半年节"习俗流传于萧山、富阳等地的一些乡村，是为庆祝农作物丰收，感谢天地神明庇佑的民间信俗。楼塔过"半年节"于2011年被列入第四批杭州市萧山区非物质文化遗产代表性项目名录。如今，生活富裕起来的村民，过"半年节"的目的已不再是求雨，而是将此习俗演变成亲人团聚的一个重要节日。同时，结合美丽乡村、生态农业娱乐休闲项目，开展"品质之旅快乐乡村游"，以促进乡村振兴。

漂浮在新安江水面的婚礼

元朝末期，许多地方的农民，因受不了朝廷的统治和官府的横征暴敛，便纷纷揭竿起义。其中有一支起义军以人人头扎红巾为标志，被称为"红巾军"。

一天，自称国号"天完"的"红巾军"打到湖北，攻破沔阳（今湖北仙桃）。出身于沔阳渔家、正在当县吏的陈友谅得到这消息后，脑子里翻来覆去地思考着。最后，他一拍案桌，决定不当这县吏了，便率众加入了"红巾军"。

陈友谅凭他的渔家本领，一路战功赫赫，很快以功升为元帅，统率义军与元军交战。他一路从湖北杀到江西，攻下江西许多地方，还连克安徽、福建的一些城乡。

陈友谅打下一片地盘后，野心逐渐膨胀，便在江西江州（今江西九江）建都，自称汉王。

至正二十三年（1363）八月，朱元璋率军攻入江州。陈友谅觉得来者不善，便率大军六十万，还制造了几十艘大木船，与朱元璋交战于鄱阳湖。

连战数天，双方数十个回合的激烈厮杀，打得是天昏地暗。鄱阳湖湖面火光冲天，火药味弥漫。打到最后，陈友谅敌不过朱元璋，在兵败中被飞箭射中，一命呜呼。

正所谓"一荣俱荣，一损俱损"，陈友谅这一败一死，他自己倒是见了阎王，可他的麾下却遭了大殃。

陈友谅麾下的义军中，有陈、钱、林、袁、孙、叶、许、李、何九个姓氏的将领和部属。陈友谅兵败后，坐上皇位的朱元璋，马上下了一道圣旨，将陈友谅的九姓部属都贬为"贱民"，并把他们贬到水上生活，永世不得上岸。

九姓"贱民"中的一部分人，从江西流落到了钱塘江上游的严州府三江口（即新安江、兰江、富春江汇合处）一带[1]。从此，他们世世代代生活在水上，以打鱼、载客为生。

他们在江上浮家泛宅数百年之久，被后人称为"九姓渔民"或"九姓渔户"。

当时，"九姓渔民"的地位十分低下，他们的遭遇也十分悲惨，受到官府"三不"政策的限制：不准上岸，不准读书应试，不准穿长衫，几乎被剥夺了做人的一切权利。

由于不准读书，没有文化，因此他们的后代连正儿八经的名字也没有，只好以孩子的出生地或出生年的生肖来起名。于是，就有许许多多的"兔儿""马儿""狗儿"这些生肖名字，以及"龙游""屯溪""严州""桐庐"这些以地名取的名字。

[1] 即今建德市三都镇三江口村。

"野火烧不尽，春风吹又生。"尽管他们被贬为所谓的"贱民"，但他们仍旧有着积极乐观的人生态度和对美好生活的向往。而追求婚姻，延续后代，就是他们对生活的一种祈盼。

"九姓渔民"不准上岸，也就不能与岸上的人通婚，更不能在岸上举行婚礼。因此，他们只能在九姓之间寻找婚姻，在水上举行婚礼，从而形成了特殊的"九姓渔民"水上婚礼。

这天，三江口"九姓渔民"中的许姓与何姓两家，正在为他们的子女举行一场水上婚礼。

巳时许，只听见水面上传来"咚咚锵、咚咚锵"的锣鼓声和"呜哩哩、呜哩哩"的号筒声。循声望去，只见一条乌篷船披红挂彩，从江的上游缓缓驶来，逐渐向另一条彩船靠近。

近处的那条彩船，船头上缀着一个大红"喜"字，高高的桅杆上飘着一面旗帜，挂着一只灯笼，旗帜和灯笼上都标有"许"字。船头上的一群人，穿着新衣，喜气洋洋而又忙忙碌碌。这便是马上就要举行婚礼的许家的接亲船，俗称男船。远处而来的一条与男船相似装扮的彩船上的旗帜、灯笼上都标着"何"字。这是新娘方的送亲船，俗称女船。

当标有"何"字的送亲船将要靠拢许家的接亲船时，两边船上的水手赶紧用手抵住对方的船身，不让两船相互碰撞。

这是"九姓渔民"婚俗中的一个禁忌，说的是若两船相撞，小两口在以后的日子里会磕磕碰碰，生活会不安宁。

何家送亲船稳稳停住后，司仪便喝令："请新娘——"

船上两名端灯姐姐从船舱里扶出罩着红盖头的新娘，站到了船头。迎着微微吹来的江风，这红盖头也忽闪忽闪地飘动着，好似新娘那扑腾扑腾跳动着的心。

这时候，帮忙的人开始将女方的嫁妆一件一件地抬到男方许家接亲的船上。嫁妆中有被子、枕头、木箱、利市桶、梳妆台等生活用品。

男方的利市嬷嬷手拿着一杆秤，站在船头，对女方的每一件嫁妆都要称一下，边称边唱：

"称一斤来进千金，称两斤来进万金，称三斤来三元及第，称四斤来四季发财，称五斤来五子登科，称六斤来六六大顺，称七斤来七子八孙，称八斤来八子成双，称九斤来九子十三孙，称十斤来十子大团圆。"

最后，船上帮工一起合唱："荣华富贵万万年！"

当然，这称嫁妆都是象征性地称一下，秤杆总是向上翘的。

嫁妆称好后，何家船上两个壮汉从船舱中抬出一个大红渔盆，利市嬷嬷扶着新娘坐入盆中。接着，给新娘喂"离娘饭"、唱"离娘歌"，教导新娘到婆家后的一些规矩。

新娘吃完"离娘饭"，听完"离娘歌"后，由何家船上四个壮汉抬起坐有新娘的渔盆，绕着船的桅杆转上

九姓渔民水上婚礼（雕塑）

三圈，表示对娘家的眷恋之情，也表示不忘父母的养育之恩。然后他们将大红渔盆传给许姓迎亲船上的四个壮汉，由四个壮汉抬着新娘，围着许姓船上的桅杆也转三圈，表示新娘在男方家落地生根。

过船后的新娘，由新郎扶起，跨出渔盆，一对新人并排站在铺着袋子的船头上，以蓝天白云为背景，面对船头摆有一对红蜡烛的小方桌，在利市人的引导下，一拜天地，二拜父母（公婆），夫妻对拜。

小夫妻拜好堂后，利市嬷嬷用秤杆挑起新娘头上的红盖头。此时，锣鼓声、鞭炮声又顷刻大作，许姓船、何姓船上的人同时向船上、岸上观礼人群撒柏籽、花生、红枣和糖果。人们纷纷向新人送上祝福，祝愿他们相亲相爱，白头到老。新人们的脸上露出了甜蜜而羞怯的笑容。

当夜幕降临时，这对新人即下到一只小船上，劈开水波去到一个幽静的去处，欢度他们的新婚之夜。

第二天清晨，新郎新娘返回大船。

小链接：

"九姓渔民婚俗"始于明代，中华人民共和国成立后，随着"九姓渔民"逐渐上岸居住，该习俗也逐渐消失。如今，它已被当作一种特异的历史文化资源，成为新安江上特有的民俗旅游项目，引来四方游客围观打卡。建德"九姓渔民婚俗"于2007年被列入第二批浙江省非物质文化遗产代表性项目名录。

行进在四季里的江南时节

元朝那会儿，桐庐南乡石阜村有一个跛脚老人开了一家小饭店，因为他厨艺了得，这菜烧得是有滋有味，顾客赞不绝口，所以客源不断，生意十分红火。

有一天，一个年轻小伙子来到这店里，偷偷地进到饭店后面的厨房，被跛脚老人发现了，于是他客气地问这年轻人："这位后生想要吃点什么菜？"这年轻人二话不说，拔腿就跑。

第二天，正当跛脚老人开门营业时，突然从门外冲进来一批人，不管三七二十一，对着跛脚老人便是拳打脚踢。跛脚老人觉得莫名其妙，连忙喊道："你们为什么打我？"其中一人气呼呼地说："为什么打你？你烧给我们吃的菜里是不是放了你这跛脚上的烂东西？"

原来，前一天到这店里来的这年轻人也是开饭店的，可生意没有这跛脚老人的好，于是想到这里来偷点"拳头"（即手艺），结果没有偷成，于是便放出谣言，说跛脚老人在烧菜时放入了他跛脚上的烂东西。不少人信以为真，便来这店里闹事儿了。

谁知跛脚老人被这顿拳打脚踢后，卧床不起，三天后命归西天了。可是这跛脚老人的尸体烧了三天三夜也没有火化掉。村民们觉得这老人或许不是凡人，便一个村落一个村落地轮流供着他，每个村落停留一天，这停留的日期就成了石阜当地过"时节"的日子。相传桐庐、富阳南乡过"时节"的风俗就源于此。

时过境迁，转眼到了明代。桐庐、富阳南乡过"时节"之俗，恰似富春之水流及南乡各村。有一村单祀的，也有几村联祀的，而且所祀之"神"也各不相同。又因各村过"时节"的日期不一，从而形成从年初到年末都有过"时节"的独特风景。

这不，农历十月十一，凤川一带的石桥头、竹桐坞等村正在过"时节"。这天清早，这里的乡民纷纷来到应嘉侯庙（当地俗称大庙），祭祀民族英雄张巡。

这里的人为什么要祭祀张巡呢？话说唐玄宗当政那会儿，国富民强，太平盛世。然而，居安要思危呀！这不，天宝年间，驻扎在范阳的安禄山，领三个藩镇之兵，以"清君侧"的名义造反了，一路攻下了洛阳和长安，不少县官是望风而逃。而因被贬当了真源县（今河南鹿邑）县令的张巡，却死守睢阳城。面对十万叛军的围攻，在内无粮草、外无援兵的情况下，誓死坚守数月，直至城破被俘，不屈而死。

桐庐武陵庙里有沈捷的一首七绝诗："睢阳战垒山中画，桐水悲笳江上音。偶过武陵寻旧迹，独留忠义动人心。"也表达了桐庐人对爱国爱民的大忠之人的敬仰和怀念。大忠便有大德，这是桐庐人始终坚信的一点。

离开凤川一带，来到石阜的徐家山头村，这里正在过十月十五的"时节",祭祀一位叫洛村老太公的神灵。

徐家山头村的村民这样说:"东汉的时候,徐家山头村出过一位受人爱戴的好县令,他叫陈浑[1],在余杭县任县令。"

余杭那个地方,有条狭窄的苕溪,每年春上,经常是溪水泛滥,淹没附近村庄,淹没农田,老百姓是叫苦连天。

自从陈浑当了余杭县令后,率领大家开辟南湖,泄洪、蓄洪。从此,那里的人们就安居乐业了。

桐庐人为有这样一位为民解危、爱民如子的好官而感到骄傲,称陈浑是"洛村老太公",还为他建了一座天曹府君庙。

正说着,那边天曹府君庙前鼓乐声大作。走近天曹府君庙,看到洛村老太公神像前摆放着猪肉、羊肉、全鸡、全鱼和水果、蔬菜等祭品,香烟弥漫。

众乡亲参拜后,只听见有一人高喊:"起轿——"四个壮汉抬着陈老太公神像出庙,然后进村里巡游一圈,保一方平安。

到了下午,庙前的空地上,戏班子正在演出目连戏《目连救母》。演员表演的杂耍、翻桌、跳火等高难度动作,引得台下观众连连发出喝彩声,似春江之水浪,随波千万里。

正当你观看得入神时,身边来自荻浦的一个村民对你说:"再过六天,也就是十月廿一,荻浦村在保庆堂过

---

[1] 余杭史志中提到的"陈浑"与桐庐史志中提到的"陈恽"是否是同一人,待考。本书因讲故事需要,暂且视为同一人。

'时节'，祭祀的是两位土谷神。"

这天，你来到依山傍水的荻浦村时，被位于村中心的那座相当气派的保庆堂所吸引。

曾经在石阜徐家山头村邀请你来荻浦的那个村民，满面笑容地招呼你，兴奋地说："这座保庆堂原来叫'香火厅'，后来改名'保庆堂'的。"

"为什么改名啊？"你好奇地问。

这个荻浦村民说："说到这香火厅改名，不得不说一说出生于我们桐庐的'姚天官'。"

"姚天官？"

"对。这姚天官，本名姚夔。他一岁丧父，全凭母亲申屠妙玉抚养长大，还在荻浦的娘舅和申屠族人的资助下受教成才。加上他勤奋好学，中了进士，官当到了礼部尚书和吏部尚书。但是，这姚夔官位虽高，却不忘初心，清正廉洁，爱民如子，因此老百姓喜欢叫他姚天官。可见，爱民之人，必受民爱！"

明成化四年（1468），这位姚天官刚入官场，就不忘荻浦的娘舅和申屠族人对他学业上的资助。为了报恩，他出资重修了原来的香火厅，并遵照他母亲的嘱咐，改"香火厅"为"保庆堂"，意思就是保其家族一贯秉持的德行，庆其家兴族旺，荫及万世。

"那你们这里过'时节'为什么要祭祀两位土谷神呢？"

"这对土谷神是同胞兄弟,是洛村老太公陈浑的后裔,因他俩排行第八、第九,所以我们荻浦一带都称他们为陈八、陈九两大明王。"

"相传有一年,桐庐南乡大旱,赤地连绵,这陈八、陈九兄弟俩为了祷雨而甘愿献身。万民感其兄弟恩德,所以将他们奉为神灵,每年于十月廿一过'时节'祭祀。"

"哦,是这样。这兄弟俩为祷雨而身殉之举,虽然不科学也不理智,但是他俩这样急桐庐南乡人之所急,想桐庐南乡人之所想,与桐庐南乡受旱百姓心连心的精神倒是难能可贵,值得纪念。"

一场以祭祀土谷神为内容的荻浦过"时节"正在进行中……

小链接:

桐庐"江南时节"于2016年被列入第五批浙江省非物质文化遗产代表性项目名录。近年来,荻浦村不断丰富孝义文化内涵,积极尝试"文化+旅游""文化+演出""文化+非遗"的"三+文旅"结合模式,把根植于血脉、流淌于心间的文化内容,与文创业态有机融合在一起,让孝义文化在新时代迸发出不一样的活力与生命力。

参考文献

杭州市余杭区径山文化研究会编，陈宏主编：《径山文化研究论文集（2015卷）》，杭州出版社，2015年。

桐庐县志编纂委员会编：《桐庐县志》，浙江人民出版社，1991年。

第二章 生产习俗
——吉日初开种稻包

宋代诗人范成大在《春日田野杂兴》中写道："吉日初开种稻包，南山雷动雨连宵。今年不欠秧田水，新涨看看拍小桥。"春天来了，春雨下了，选个好日子开始下稻种了，一年的农事也就此开场了。

杭州，既有美丽繁华的城市，也有阡陌纵横的乡村。"鱼米之乡，丝绸之府"的美誉，表明杭州地区在历史上是渔业、稻作、蚕桑的重要生产区。在那"望天收花"的农耕时代，人们在长期的农事生产劳动中，在与自然、气候的互动碰撞中，懂得节气对农事生产是何等的重要。"清明前三后四播稻种，立夏前三后四开秧门"，这是一条不可逆转的农事规律，谁违反了这条农事规律，就会遭到"人误地一时，地误人一年"的报复。"吉日初开种稻包"也许讲的就是这个理儿。这些由长期实践经验而相沿成习的农节习俗，可以说是"俗"出了经典，"俗"得耐人寻味。

除了不误农时，人们在稻作、渔业、蚕桑等生产实践中，因科学知识的局限以及民间信仰的引导，还衍生出形形色色的相关生产活动习俗。

人们的生产生活所需，催生了商贸活动。杭州繁盛的商贸业，孕育了诸如择日开张、拜师仪式和"经折"销售、抲小猪拉尾巴回钞等商贸习俗。

分享这些丰富的农耕和商贸习俗，可以感受到我们祖先播种希望、祈求丰收的强烈愿望。

稻作习俗：唱响在田野上的歌谣

清康熙五十五年（1716）初春，杭州西北一带哗哗哗地连降三天大雨，源于浙西天目山的余杭东苕溪的水位一个劲地往上暴涨，水溢过北岸堤塘，使地处东苕溪北面的瓶窑镇彭公村的一大片农田遭受水淹，只露出了一条条田埂的背，在一片汪洋中沉浮着。

人说春雨贵如油，可这场春雨下得真不是时节，眼看就要到早籼稻做秧田、播种谷的时候了，这怎能不叫彭公村的农户们着急呢？

正当大家急得像热锅上的蚂蚁时，村里一名六十开外的王大伯对大伙说："听我的爷爷说，我们彭公，其实最早的时候叫'防风'，边上的彭公岭原来叫'防公岭'。"

这时，有人插话说："大伯，我们现在急都急煞了，你还在这里给我们讲大头天话（即故事），这跟眼前的洪水有什么关系呀？"

王大伯慢悠悠地说："有关系的，你听我说呀。在很早很早以前，从我们这里一直到德清，有一个防风古国，首领就叫防风氏。他同大禹一样，也是一位治水的英雄。"

"防风氏这个人是长手长脚,他治水时顺手抓一把小灰尘一捏就变成山岭,用脚一踏就踏出一条条深沟,还用他的助手玄龟驮青泥填坑洼。"王大伯说着,指了指不远处的彭公岭,"喏,这彭公岭就是他用灰尘捏起来挡山洪的。"

正当大家听得出神时,王大伯说:"我们今天就来学学防风氏吧,大家齐心协力,在村东头开一条排水沟,让田里的水从水沟流向小河,这样就不会耽误下种谷的农时了。"

大伙觉得王大伯的话有道理,于是说干就干。水沟开通了,田里的水马上退了下去,农田露出了它的原来面貌。

这洪水一退,眼看就要进入惊蛰节气了,阵阵春风中传来布谷鸟的叫声,催着农户快快准备好播种用的稻谷种子。

彭公村这里有一句老话,叫作"养儿要娘好,种田要秧好"。这稻谷种子可是水稻收成的根本啊,彭公村的人历来遵循"种要好,苗要正"的祖训。

这一天,太阳高照,尽管乍暖还寒,但彭公村家家户户在门前的空地上用竹竿搭起架子,上面铺上蚕匾,将上一年保存下来的稻谷种子倒在蚕匾里,让太阳好好地晒上一天。这在彭公村称"太阳菩萨晒种谷"。

王大伯站在太阳下,心里乐滋滋地想着:经过太阳晒过的稻种,发芽率就会高;成秧后,有太阳菩萨保佑,病虫害就会少,产量就会高,哪怕挑断了扁担也高兴啊。

这天早晨，村里人又聚集在彭公岭上，七嘴八舌地在议论着什么。王大伯到场后，有人对他说："大伯，俗话说，大水过后有大疫，我们现在最怕的是水稻得稻瘟病了。如果稻子染上这稻瘟病，严重的话会颗粒无收啊。"

王大伯是村里出了名的种田里手，村里人自然想请他出出招。王大伯慢悠悠地说："我听老辈说过，用稻草烧田角，让烟气熏熏，可以防稻瘟病，切记一定要顺着风向来烧，这办法大家可试试看。"

这天吃过晚饭，王大伯的儿子抱着三捆稻草来到自家田头，抬头一看，刮的是东南风，他便走到田畈东南角，将两捆稻草打开后堆在一起，用火点燃；稻草燃烧后，再用另一捆稻草盖在火上，顿时浓烟滚滚，烟随风势向田畈的西北角飘去，恰似一床厚厚的黑被褥严严实实地盖在这田畈上。

纯朴的农民是想用烟熏法防治稻瘟病，因为那时还没有治稻瘟病的农药。

转眼到了春分时节，农谚称"春分有雨家家忙，先种瓜豆后插秧"。此时，彭公村农田里是一番做秧田的忙碌景象。你看，王大伯先用铁耙起沟，做好一块块毛秧板后，再用"千步"（一种木制的农具）和"秧耥"，将一块块秧板耥得平平整整的，好似一块块长方形的麦糕，散发出阵阵泥土的芬芳。

王大伯将经过太阳晒，催过芽，露有白白的根和芽的谷种，均匀地撒在又平又软的秧田里，也播下了他对丰收的希望。

种谷播下后，王大伯扎了四个稻草人，并给稻草人戴上笠帽，套上旧衣，让它们手执破蒲扇。经过一番打扮之后，王大伯将四个稻草人插在秧田四周。稻草人手中的蒲扇在风中沙沙作响，吓得鸟雀不敢前来啄食种谷了。

田里的秧苗经过茁壮生长，到了芒种时节已是绿油油的一片，煞是喜人，就等着拔秧种田了。彭公村把拔第一把秧种田叫作"开秧门"。开秧门得选个吉日，彭公村有"二、八不开秧门"之说，还得在开秧门前祭拜管理田地的田公田母。

农历五月初三这天清早，王大伯上街买来一刀肉和一条大鲤鱼，摆在一个托盘里，兴冲冲地端到自家的秧田边上，供奉天公和田公田母，望老天风调雨顺，盼田公田母赐予五谷丰登。

然后，用粪勺在秧田沟里舀起三勺水，洒在秧苗上。秧苗上的水滴在阳光照射下，恰似一颗颗晶莹透亮的明珠。

一切停当后，王大伯挽起裤脚，走进秧田，打开"秧门"，双手一前一后"唰唰唰唰"地拔秧种田了。

王大伯种下秧苗后，时不时就去田里除草、施肥、灌溉，侍弄得十分精心。尤其是烈日炎炎的天气，王大伯担心水稻田里的水太少会影响水稻生长，王大伯种田有经验：水稻要想长得好，稻田里常保持齐脚板的水为最好。因此，他常到田头望望，把握好田水的多少。

功夫不负有心人，到了阵阵秋风吹来时，田里的稻谷开始黄了，晶莹剔透的大米在稻壳的包裹下呼之欲出。

王大伯望着在风中摇摆的沉甸甸的稻穗，觉得似乎是在向他微笑，告诉他：你付出的辛勤汗水，我用饱满的果实回报。醉人的稻香和着阵阵蛙声飘向四方……

终于到了开镰收割的时候了。这一天，王大伯的儿子挑着脱粒用的稻桶和谷栅来到田头。王大伯和家人一齐出动，用镰刀割下稻子，拿到打谷的木桶旁边，紧握稻子茎秆，在稻桶里的谷栅上用力反复掼打，使其颗粒不剩。田野里不时回响起一阵阵"嘭——嘭——"的掼谷声，像是一曲丰收的乐章，如此悦耳动听。

收割来的稻谷，要先晒干，再放入木制的碾米器砻（类似石磨，上下两截，各有木槽）里，经人工碾压脱壳成糙米，最后在石臼里用石杵把糙米舂成白米。

"谁知盘中餐,粒粒皆辛苦。"从一颗种谷到一粒白米，蕴含了漫长的生命故事和无数的辛劳汗水，怎能不叫我们惜粮如金呢？

灾害之后的丰收，彭公村的种田人更是欣喜万分。他们把第一次吃当年收割回来的新米做成的饭称为"吃新米饭"，觉得格外香甜。

吃新米饭得选个吉利的日子,通常为农历逢三、逢六、逢九。烧新米饭时，不能加进剩饭，并在米粒落锅时加上一把黄豆，谓之"豆（头）米"。饭煮熟后，第一碗饭供奉天公，第二碗饭供奉灶神。

农历十月初九这天，王大伯用新米饭敬天公。他在自家屋前放一条方凳，上面摆一张米筛，米筛内供上一碗香喷喷的新米饭，饭上插一双筷子，点燃一炷香，然后揖拜祝告，感谢上苍恩赐，祈盼来年又是丰收年……

小链接：

　　稻作习俗在杭州水稻生产地区曾普遍存在。该项习俗作为非物质文化遗产，在2008年杭州地区开展非物质文化遗产普查时对其作了深入调查和记录，同时被列入各区（县、市）级非物质文化遗产代表性项目名录。

蚕桑习俗：贴着蚕花廿四分的标签

南宋淳熙六年（1179），临安（今杭州）城郊的半山村蚕茧喜获丰收，蚕农们个个脸上喜形于色。养蚕大户还请来皮影戏班演《穆桂英挂帅》，称之演"蚕花戏"，以示庆祝。

然而，半山村农户养蚕并不是从南宋才开始的，究竟始于什么朝代，村里人都说不清楚，只是在村里一直流传着这样一个故事：

很早很早以前，杭城边上的一个小山村里有一个聪明能干的小姑娘，名叫阿巧。阿巧九岁时，娘死了，丢下她和四岁的弟弟。后来，她爹给姐弟俩找了一个后娘，后娘待阿巧和弟弟可凶哩。这年的深冬腊月，有一天，后娘叫阿巧背着竹筐，冒着呼呼的北风去山上割羊草。

这寒冬腊月，哪里还有青草啊！她身上冷，心里又怕，就坐在半山腰上呜呜地哭起来了。哭着哭着，突然听到头顶上有一个声音说："要割青草，半山沟沟！要割青草，半山沟沟！"

阿巧抬起头来，看见一只白头颈鸟儿，扑棱棱地向山沟里飞去了。

阿巧站起身,朝着白头颈鸟儿飞去的方向走去。拐了个弯,只见山沟里挺立着一棵老松树,郁郁葱葱的树盖像把大伞,罩住了沟口。阿巧拨开树枝,绕过松树,忽地眼前一亮,见一条弯弯曲曲的小溪淙淙地流着,岸边花红草绿,美得像个春天。

阿巧见着青草,就像拾到宝贝一样,忙蹲下身子割起来。她边走边割,越走越远,不知不觉间,竟走到小溪的尽头。

她割满一竹筐青草,站起来揩揩额角上的汗珠,却见前面不远的地方,有个穿白衣着白裙的姑姑,手里拎着一只细篾编的篮子,正在向她招手。那白衣姑姑笑嘻嘻地对阿巧说:"小姑娘,真是稀客呀,到我们家住几天吧!"

阿巧抬眼望去,眼前又是另一个世界:半山腰上有一排整齐的屋子,白墙壁、白盖瓦;屋前是一片矮树林,树叶绿油油的,比巴掌还大;还有许多白衣姑姑,一个个都拎着细篾篮子,一边笑,一边唱,在矮树林里采那鲜嫩的树叶。阿巧很高兴,就在这里住下来了。

此后一段时间里,阿巧就跟白衣姑姑们一起,白天在矮树林里采摘嫩叶,夜晚就用采回来的嫩叶喂一种雪白的小虫儿。慢慢地,小虫儿长大了,吐出丝来结成一个个雪白的小核桃。白衣姑姑就教阿巧怎样将这些雪白的小核桃变成油光晶亮的丝线,又怎样用树籽儿给丝线染上颜色。

白衣姑姑还告诉阿巧:这些雪白的小虫儿叫"天虫",

喂天虫的树叶叫"桑叶"；这五光十色的丝线，是给天帝绣龙衣、给织女织云锦的。

阿巧住在山沟沟里，和白衣姑姑们一起采桑叶，一起喂天虫，一起抽丝线，日子过得很快活，一晃就三个月过去了。

这天，阿巧忽然想起了弟弟：叫弟弟也到这里来过好日子吧！第二天天刚亮，她来不及告诉白衣姑姑，就自顾自回家去了。临走的时候，阿巧还带走了一张撒满天虫卵的白纸，另外又装了两袋桑树种子，一路走，一路丢，心里想：明天照着桑树种子走回来好啦。

阿巧回到家里一看，爹已经老了，弟弟也长成小伙子啦！爹见阿巧回来了，又高兴又难过地问："阿巧啊，你怎么去了十五年才回来？这些年你在哪里呀？"

阿巧听了，就把怎样上山，怎样遇见白衣姑姑的经过告诉了她爹。左邻右舍知道了，都跑来看她，说她是遇上仙人了。

第二天一早，阿巧想回到山沟沟去看看。刚跨出门，抬头望见沿路是一片绿油油的矮树林。原来昨天她丢下的桑树种子都长成树了。她沿着树林，一直走到山沟沟里。山沟口那株老松树，还是像把伞一样地罩着，可再要进去就找不到路了。

阿巧正在对着老松树发呆，忽见那只白头颈鸟儿又从老松树背后飞了出来，叫着："阿巧偷宝！阿巧偷宝！"

阿巧这才想起临走的时候，没有和白衣姑姑说一声，还拿了一些天虫卵和两袋桑树种子，一定是白衣姑姑生了气，把路隐掉不让她再去了。于是，她回到家里，把天虫卵孵化，又采来嫩桑叶喂它们，在家养起天虫来。

从这时候开始，人间才有了天虫。后来人们将天虫两字并在一起，把它叫作"蚕"。

从此，半山村及周边地区家家种桑养蚕。"蓬头赤脚一个月，舒舒服服过一年。"说的就是蚕妇们紧张辛苦了一个月的蚕事，其收入可以作为一户农家一年的生活开销。旧时，蚕茧收入是蚕农家庭日常生活主要的经济支撑。

半山村里的章大妈是饲养蚕宝宝的一把好手，她养蚕可有讲究了。每年大年初一的早晨，章大伯先起来烧好年糕，接回去年腊月廿三送上天的灶君，用糖年糕供奉。然后，章大妈穿上崭新的衣服，拿起扫帚到蚕房扫"蚕花地"。她扫地时不是从里往外扫，而是从门口往里扫，要把"蚕花"扫进来。章大妈一边扫一边在嘴里念着："蚕花扫进门，蚕花廿四分。"

正月初一这天，半山村蚕农家大门不洞开，谓之"关蚕花"（蚕花是蚕茧丰收的代名词），把蚕花关在屋里，养蚕会丰收。

正月十五元宵节，半山村张灯结彩闹元宵。元宵夜，章大伯用收割回来的稻草和竹竿扎成一个火把，点燃后高高举起，一路小跑，奔向田头，来到自家的桑地里，绕桑地跑一圈。他还不时把火把掼上掼下，边跑边唱："火把掼得高，三石六斗稳牢牢；火把掼到东，家里堆个大谷囤；火把掼到西，蚕花丰收笑嘻嘻……"

章大伯看见，在他周边都是星星点点的火光，在

第二章 生产习俗——吉日初开种稻包

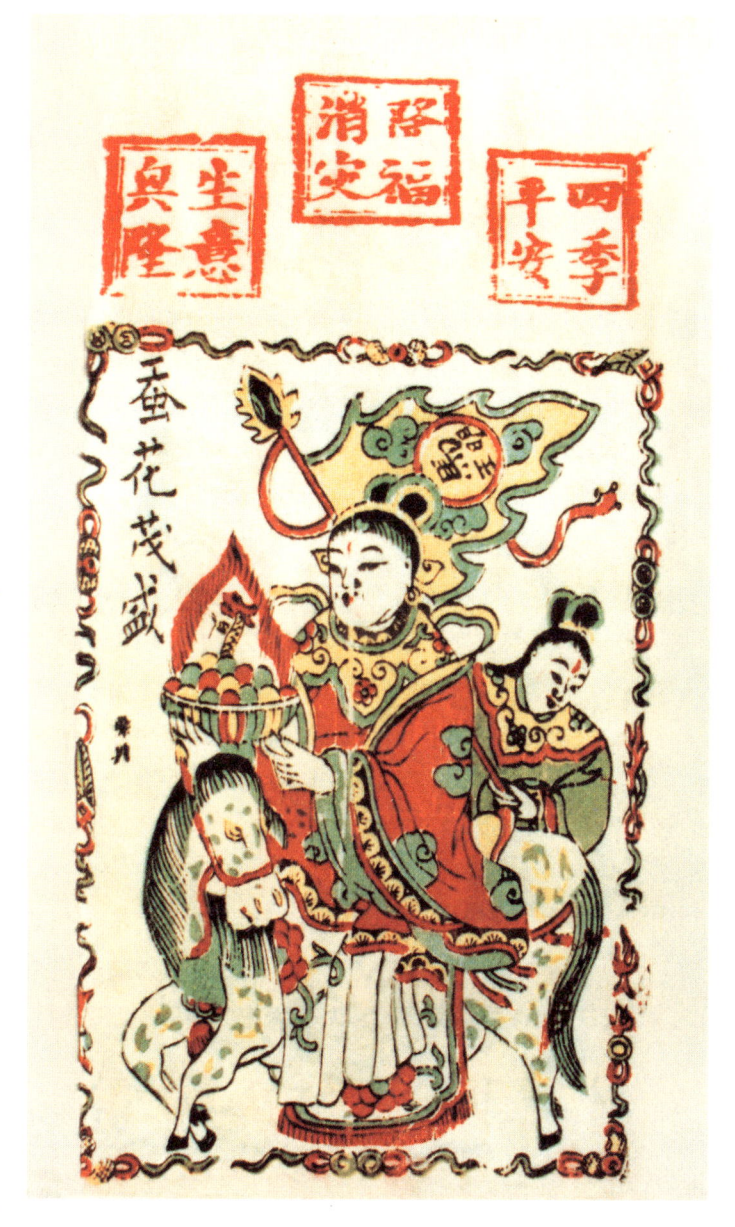

蚕花娘娘

十五的月光下恰似满天的星斗在闪烁,他不由得心中暗喜:这预示着今年蚕花会像星光那样灿烂!

清明节一过,半山村的蚕农开始准备一年的蚕事了。这天,章大妈把蚕房打扫得干干净净,在蚕房角角落落和墙边撒上石灰粉,用桃花纸糊好窗户,再贴上用红纸剪成的蚕猫和聚宝盆。章大伯是忙着把养蚕用的蚕匾拿到河里用竹扫帚洗干净,然后在外面晾干;再捧出用糯稻草扎成的切桑叶墩头,摆在太阳下晒一晒。一切准备就绪了,就等着请"宝宝"了(蚕农称蚕为"宝宝",以示爱如掌上珍珠)。

立夏节后的第二天,章大妈听到村里有人在叫喊:"商宝宝啰!"卖蚕种的来了,可不称"卖",而称"商"。章大妈赶紧招呼商蚕种的进门,这卖蚕种的人首先送给章大妈一张马明王菩萨(即蚕花娘娘)画像,谓"送宝上门",然后将一张用桃花纸包好的老余杭"凤参牡丹"牌蚕种递给章大妈。

章大妈双手捧着蚕种,像是捧着一个婴儿一般,和着她祈求蚕花廿四分的心愿,小心地走进蚕房,轻轻地放在蚕匾里,再用洗干净的小被子捂好,等待蚕种出蚁了。

这一天,有苏北人摇着小船到村上来兜售泥猫,章大妈连忙招呼卖泥猫的。这卖泥猫的人不称"卖"而称"送",章大妈也不称"买"而称"请"。买泥猫不付钱,以米、麦、豆等食物交换。章大妈把请来的泥猫放于蚕房窗台,用以吓唬老鼠,因为蚕宝宝最忌老鼠来吃了。

过了几天,章大妈的蚕种出蚁了,她用一根鹅毛轻轻地把孵在蚕纸上的蚕蚁掸落在铺垫着桃花纸的蚕匾里,接下来便开始养蚕了。此后一段时间里,蚕乡家家关闭大门，大门上张贴写有"蚕月知礼"的红纸，门旁插几枝桃枝（民间有桃木辟邪之说）。元代诗人白珽《余杭四月》诗中就有"几家蚕事动，寂寂昼门关"，说的就是蚕乡"闭蚕门"习俗。

这天，邻居王大妈来向章大妈借剪刀，她站在章大妈家门口自言自语地大声说："哟，章大妈今天不在呀，我倒想要借把剪刀啊！"章大妈听见了，把剪刀从门缝里递给了王大妈。王大妈接过剪刀，递给章大妈一张洁净的桑叶，说："蚕花廿四分。"

桑叶是蚕宝宝的粮食，翠绿的桑叶经过蚕宝宝的消化吸收，最终神奇地化成洁白的蚕丝。给蚕宝宝喂桑叶有许多讲究，比如不能喂带有露水的桑叶。

蚕事里，章大伯每天清早等露水蒸发后，便挑着叶箩去桑地里采桑叶。那层层叠叠翠绿的桑叶，衬着紫红色的桑葚，迎风摇曳着，好似在对章大伯说："快快采摘吧，好让蚕宝宝吃得饱饱的，长大后吐出白白的丝。"

章大伯双手并用，一上一下采摘桑叶，只见他两只手似飞轮一样往上蹿，可采到桑枝顶部时，总是留下三片桑叶。

有名年轻人不解地问章大伯："大伯，你采桑叶为什么总要在顶上留下三片叶子呀？"

章大伯笑笑说："这是老辈传下来的规矩，一片留给天，一片留给地，一片留给桑神。"

听了章大伯的话，这年轻人若有所思：采桑留三叶倒是蛮有道理的，如果把整棵桑树的桑叶都采光了，那就会影响来年的桑叶产量和质量。

转眼到了农历五月，蚕熟茧成，蚕户开门迎客，谓"开蚕门"。开蚕门后，亲朋邻里相互慰问，赠送茶点，也有赠鱼肉菜肴的，以祝蚕茧丰收。

半山村里开蚕门时，盛行喝烘青豆茶，俗称"咸茶"。这是以少量绿茶叶，并以烘青豆、笋干丁、豆腐干丁、熟野芝麻、橙皮丝、胡萝卜丝等为作料沏成的风味茶。蚕妇们忙完一段蚕事后，串门走户，边喝烘青豆茶，边谈论各家蚕茧收成，颇为热闹。

蚕茧丰收后，半山村蚕农在端午节谢蚕花，吃"蚕花酒"。

端午日，章大伯取出蚕花娘娘神位，供于堂前，点燃香烛，供上猪头、全鱼、全鸡等，拜谢蚕花娘娘，然后合家吃"蚕花酒"。

这天，村里的姑娘们聚在一起，到河埠头洗头、戏耍，谓之洗"蚕花水"。

半山村把传说中阿巧出门割青草遇见白头颈鸟儿的那天，认定为农历十二月十二；还把阿巧遇见的那位白衣姑姑当作专管蚕茧收成的蚕花娘娘。因此，在农历十二月十二这天，村里家家户户祭拜蚕花娘娘，祈求来年蚕花廿四分。

腊月十一日晚，章大妈在煮熟并捣碎的老南瓜中掺入糯米粉，搅拌均匀后揉成黄色的粉团，再做成茧子和丝束的形状。茧子叠成三角式，一贴共二十个，丝束一贴共十二绞，还用糯米粉做成桑叶、蚕宝宝的形状，称

"茧圆"。

次日清晨，章大伯在堂屋里用做好的茧圆供祭蚕花娘娘，祈求蚕花娘娘保佑来年蚕花廿四分。

到了大年三十，吃过年夜饭，章大妈在家里的神龛中点一盏油灯，称之为点"蚕花火"。章大妈认为，点上蚕花火，家中养蚕红红火火。蚕花火不能马上熄灭，得一直点到大年初一的早上。

小链接：

蚕桑民俗曾在杭州平原地区广为流传，至今仍在一些蚕农中传承。其中的"半山泥猫习俗"于2007年被列入第二批浙江省非物质文化遗产代表性项目名录；"塘栖茧圆与蚕桑生产习俗"于2009年被列入第三批浙江省非物质文化遗产代表性项目名录。如今，塘栖茧圆在传承中增加花式品种，成为美化生活、展示妇女心灵手巧的一项特色民俗项目。

捕鱼习俗：打捞水中漂浮的记忆

元朝末年，陈友谅与朱元璋在江西鄱阳湖展开激烈战斗，陈友谅兵败如山倒，其麾下九部将士被朱元璋贬为"贱民"，并被赶到新安江三江口水域，永世不得上岸。

从此，这些人就开始在江上以捕鱼为业。其中以林大伯为首的一部分人顺着新安江而下，来到桐庐、富阳一带的富春江上，在富春江里结帮捕鱼。

这"一江流碧玉，两岸点红霜"的富春江中活跃着各种各样的鱼类，其中有的是富春江独有的鱼种，这倒也给林大伯他们留下了一条谋生之路。

林大伯是个喜欢听书、看书的人，他虽然没有上过学堂，但平时一有空就捧着一本书，边认字边读书，慢慢地成为这帮渔民中能识字读文的渔家文人了。

林大伯他们在富春江上与水为友，捕鱼为生，久而久之，摸透了各类鱼的生活习性，也形成了独特的捕鱼方式和禁忌。

两头尖尖的木头渔船，既是林大伯这帮渔民生活的家，也是他们捕鱼的生产工具。每艘渔船后艄上设有陶制的小灶，用于烧菜做饭，灶边摆有一个木头做成的神龛，用来供奉江神，这帮渔民每天给江神上香、叩拜，祈求江神护佑。

以林大伯为首的渔民帮还崇信青狮，并将舞青狮作为他们的社火。青狮头尾用竹篾制作，狮身用石松做成，惟妙惟肖。元宵闹春时，林大伯手擎青狮起舞，前后左右有四人以滚钢叉护卫青狮，钢叉发出的嚓锒锒的声音特别引人注目。

林大伯这帮渔民来到富春江后，立下了规矩，渔船靠埠时，各有地段，互不相干。船只靠埠时，离岸三尺下篙，以示他们与世无争，并要倒撑一杆，以避"水鬼"。

人说，船最怕漏水。可林大伯的捕鱼小木船，偏偏在前后船舱底部各开有一个小孔，连通富春江水。

这天，有名买鱼的人不解地问林大伯："大伯，你的船底为什么开两个小孔？这样船不是会进水吗？"

"我们捅起来的鱼要养在舱里。这舱开个小孔，是让船里的水与江里的水相连。这叫活水养鱼，鱼儿不会死掉，为的是能让你们吃到活蹦乱跳的鲜鱼呀！"林大伯笑嘻嘻地说，"前后两个船舱是连通的，江水前进后出，就可一直保持平衡。"

劳动者的智慧与创造无处不在呀！

林大伯的捕鱼船不仅前后开有小孔，而且船尾上还放着一个种着好几棵葱的小盆子，船尾下悬挂着一个竹笼子，里面养着两只鸭子。每天早晨，林大伯用一根绳子，一头系在鸭脚上，一头系在船后艄，让鸭子跟着船在江中游。到了夜晚，林大伯拉住绳子把鸭子从江里拎上来，放进竹笼里。

有人好奇地问："大伯，你船上也种葱啊，还养鸭子？"林大伯还是笑嘻嘻地说："葱，青青翠翠，表示兴旺啊！这船尾养鸭子，是寄寓后代有尾，香火不断。"

每天清晨，林大伯出船捕鱼时，先要观看天气和风向。清晨捕鱼第一网下去，若捕到白鲦鱼，认为这天捕鱼不利；若捕到鲤鱼，则认为很"鲤（利）市"，预兆近日会有好收成；若捕到尾巴有斑点的鱼，预兆捕鱼收获在后头；若捕到身上有斑点的鱼，预兆捕鱼生意旺在中间。若正月里捕到身上有斑点的鱼，则认为六月里捕鱼会更多。早上开船时若看见有狗在水里游，则认为会交好运。

俗话说，城有城隍，山有山神，海有龙王，江有江神。林大伯这群捕鱼船帮，每当春节过后开捕之前要集体祭江神，而他们奉"周显灵王"（即南宋孝子周雄）为江神。

林大伯他们之所以热捧周雄，是因为孝子周雄常从钱塘江、富春江、新安江、兰江而到衢州，又因为他最后遇到风暴在衢州落水而亡，所以他们认定以孝为大的周雄一定能保护他们行船平安。正所谓"百善孝为先"，孝义之人定受人敬。

这天清晨，十几艘渔船以林大伯的渔船为首，停靠在富春江边。辰时三刻，林大伯在渔船前舱顶点燃两支大红蜡烛，在船头上摆上猪头、鱼、豆制品和水果等供品。这鱼是两条活鲤鱼，供毕，要将鲤鱼放回江中，鲤鱼放生时游往哪个方向，渔民就朝哪个方向去捕鱼。

祭品供好后，推选渔民中德高望重又识字的人诵读祭文，林大伯自然是这帮渔民中的首要人选，于是林大伯顺理成章地做了主祭人。只见他站在船头，满头白发，身穿一件无袖的短褂，敞开衣襟，露出那古铜色的胸肌。他先用双手慢慢展开一张橘红色的纸，然后声高喉咙响地读道：

"富春一江，纵横百里，海河相通，浪涌沙静，纳百川直下东海，牵海潮逆上严滩。嘉鱼蟹虾，天下独绝，渔民世代，缘江而生，江神灵应，佑我子民，出入风波，鱼获丰盛。念及神灵，涕泣感恩。江神泱泱，渔火旺旺，鉴我志诚，祝我收货，囊我渔民，兴我渔家。"

在林大伯诵读完祭文后，有两人将祭文在江滨焚烧，渔民纷纷恭拜江神。

这时，只听见林大伯一声高喊："开捕——"停在江边的十几艘渔船点篙开船，向富春江中驶去。

在林大伯他们的渔船帮中，有四户是用鸬鹚捕鱼的。鸬鹚又称"鱼鹰"，因其全身墨黑，又与鸭相仿，故有渔民称之为"墨鸭"。鸬鹚捕鱼的本领极强，身价不菲，当时一只鸬鹚折合五十五千克左右米价。这渔民一时买不起鸬鹚，便租鸬鹚捕鱼，按捕鱼收入的四六分成，即鸬鹚主得四成，渔船主得六成。

说着，四艘用鸬鹚捕鱼的船过来了。只见一只只鸬鹚在船沿两边威武地站着，黝黑黝黑的羽毛，在太阳的照射下发出明亮的反光。流线型的身材，长长的带有弯钩的嘴，脖子上还都拴着一根草绳（不让鸬鹚把捕捉到的鱼吞下去）。

渔夫与鸬鹚

　　这时，身穿蓑衣、头戴笠帽的渔夫拎起一只鸬鹚往空中抛去。这鸬鹚在空中一个"云里翻"，完美落水，然后把头一低，一个猛子往江里扎了下去，不见踪影。

　　一只鸬鹚下水后，四条船上的鸬鹚在渔夫"哇哇哇"的吆喝声中，像跳水运动员那样纷纷跃入水中寻找猎物。霎时，江面上似打仗一样摆开了阵势，渔夫在渔船上喊着"喔喔喔"（回来）、"阿吐海"（追赶）的指令，鸬鹚在水面上不断翻腾，时而穿出水面，时而钻入水里，真真称得上是游泳健将了。

　　不一会儿，一只只鸬鹚嘴里叼着还在拼命挣脱的鱼儿，慢慢地向主人的船游来。船主拿起一根梢头装有钩子的长竹竿，往鸬鹚的脚上这么一钩（鸬鹚的脚上套有一个绳环），就把鸬鹚拎到船上，双手在鸬鹚颈部一挤，鱼就从鸬鹚嘴里被吐了出来。

民间对鸬鹚捕鱼有歌谣称:"乌里乌,乌里乌,脚踏麻绳蹚江湖;人家说我吃饱饭,其实是饿着肚皮做生活。"

改革开放后,因鸬鹚捕鱼大小"通吃",不利于保护水产资源,所以鸬鹚捕鱼便被禁止。

除了鸬鹚捕鱼,林大伯他们主要用渔网捕鱼。林大伯说:"有百样鱼,就有百样网。"跳滩网就是其中的一种。

农历八九月份,桐庐分水江上秋风乍起,吹皱一江秋水。

秋江水冷鱼先知。此时,江里的鱼儿集队纷纷向下游游去。而此地江上多浅滩,水流湍急,是捕捉跳滩鱼的好时节。

这天,林大伯他们在江滩的水下布下"跳滩网",并在滩上插好劈开四条缝的竹棒。当鱼儿游到滩上时,因有竹棒插着,竹棒受滩水冲击,叭叭作响,聪明的鱼儿则斜向下游,游到没有竹棒的空缺处。

机灵的鱼儿却不知此处水下装有水底网,奋力游动的鱼儿一撞到水底网,便连忙回头。这一回头,猛然见到白板(即另一条鱼的鱼身),以为这白板是凶猛的狗鱼(一种吃鱼的鱼),便铆足劲拼命向上奋力跳起。可谁知,这鱼落下时,刚好进入林大伯他们布下的"跳滩网"中,跳网鱼就这样自投罗网了。

再说明朝那会儿，富春江里盛产鲥鱼、刀鱼和河豚。长江、钱塘江的鲥鱼，都比不上富春江鲥鱼。它鱼体丰肥，肉质细嫩，脂厚味美，曾是"满汉全席"的主菜。更令人叫绝的是，富春江鲥鱼的鱼唇有朱点，据说是严子陵[①]用朱笔点过的。

这天，林大伯用一种叫"流刺网"的渔网捕鲥鱼、刀鱼和河豚。这流刺网的形状很像排球网。林大伯把这张"排球网"拦在了江中，然后抽起了烟，坐等鱼儿自觉自愿地钻到网眼中去。

鲥鱼游了过来，它头小身子大，头钻进网眼里以后身子就进不去了。这时，只要鲥鱼往后一退，就可以逃脱。可这鲥鱼非常爱惜自己的鱼鳞，这是它美丽的象征，所以死也不后退，那就被网眼给卡住了，无法动弹。

这时，刀鱼过来了，它的鱼鳍有点长。看到鲥鱼的下场后，心想：这家伙真笨，向后退一下不就行了吗？于是，刀鱼穿过网眼后就迅速后退，结果被它两边长长的鱼鳍卡在了网上。其实，刀鱼只要继续向前就可以穿网而去，可它吸取了鲥鱼被抓的教训，拼命后退，结果身子就被网眼卡住了，最终被林大伯活捉了。

一条河豚慢慢地游了过来，看到前面两位被抓，心想：碰到网只要不前进不后退，不是就不会被抓住了吗？于是，河豚碰到网后就拼命给自己打气，把自己的肚子打得鼓鼓的，一下就浮到了江面上，还是被林大伯轻而易举地抓获了。[②]

林大伯他们除了白天捕鱼，晚上也捕鱼。每当夜幕降临，暮色笼罩着静静的富春江时，林大伯他们戴上斗笠，穿着蓑衣，手举用松香脂点燃的火把，十几艘渔船驶向

[①]严子陵，名光，字子陵，生卒年不详，会稽余姚（今浙江余姚）人，东汉著名隐士。曾隐居富春江一带，终老于山林间。
[②]俞敏洪：《三种鱼的启示》，《故事家》2019年第1期。

富春江江心。然后,他们各自找好位置,将手中的渔网唰的一声抛入江里。

这时,往江上看去,渔火点点,在朦胧的月光下闪动着昏黄的光亮,落在水里被流水撕成一条条光带,慢慢地在江面上隐去。这江中渔火,引得许多诗人名宦为此唱吟,就连汤显祖[①]也作了一首《江宿》诗:"寂历秋江渔火稀,起看残月映林微。波光水鸟惊犹宿,露冷流萤湿不飞。"

渔夫三更半夜驾船捕鱼容易打瞌睡,林大伯他们便随口哼唱山歌,想到哪唱到哪:"一事想起扁担样,手拿琵琶赵五娘。大闹天宫孙悟空,尚方宝剑于文扬……"渔歌在江面上荡漾。

到了农历九、十月间,钱塘江潮汛逐渐增大,翻腾的波涛在太阳照射下泛起一片片银光。在这巨大的涛声中,一群鲢鱼、鳙鱼迎着滚滚而来的潮头在拼命抢水,似乎在与这潮水抗争着。

在这时节,林大伯他们所在的渔帮也会为了生活而赶到钱塘江上,赤着膊,穿着短裤,肩扛长柄潮兜,奔跑在潮水前面,两只眼睛不停地盯着潮头。当看到潮头中有鱼时,便翻身一跃,跳进潮中,用长柄潮兜去抢抓潮头鱼。

林大伯事后说:"跳进潮头去抢鱼那一霎,真的是蛮惊险的,但是为了生活,也得与这潮水搏上一搏,当一回弄潮儿呀。"

[①] 汤显祖(1550—1616),字义仍,号海若、若士、清远道人,江西临川(今江西抚州)人。明代戏曲家、文学家。其戏剧作品甚丰,其中《还魂记》(即《牡丹亭》)是他的代表作。

小链接：

捕鱼习俗流行于旧时杭州富阳、桐庐、建德以及余杭、临平等地的水乡，尤以富春江和运河上的捕鱼习俗为最，是杭州渔文化的重要组成部分。如今，水上捕鱼人群大大减少，此习俗仅在少数地区存续。以鸬鹚捕鱼为主要内容的"富春江渔歌"于2009年被列入第三批浙江省非物质文化遗产代表性项目名录。

商贸习俗：店规商道里的风情

春秋时的吴国和越国，给杭州的商业发展描绘了一个轮廓，隋朝时州城的兴建，奠基了杭州城，珍异所聚，商贾辐辏。

南宋建都临安（今杭州），经济日益繁华，北方商贾纷纷南下，云集杭城，开店设肆。于是，米市、菜市、羊市、鱼市、肉市、柴市、花市、灯市、珠宝市等林林总总四百余行，横贯一条"天街"，日市夜市，喧嚣声烈，"坊巷市井，买卖关扑，酒楼歌馆，直至四鼓后方静；而五鼓朝马将动，其有趁卖早市者，复起开张"。你看，那时杭州的商业已是如此繁盛。

历元代，到了明代中后期，杭城的商贸并没有因政局动荡而失去昔日的辉煌。相反，由于资本主义在江南萌芽，西湖水患得到多次治理，杭城的商业更加发达，从而引得许多工商业主和手艺人纷纷来杭投资搞生产经营。

这不，在明万历年间，徽州黟县打铁匠张思佳为避战乱，携儿子张小泉逃难到了杭州。他就想凭在芜湖学得的打刀剪技艺，在杭州这块风水宝地大展身手一下。

张思佳到了杭州后，带着儿子张小泉在大街小巷兜了一圈，最后在城隍山（即吴山）脚下的大井巷选了一块地方，找人帮忙搭了个简易的棚子，分为前店后坊，边生产边经营他自己生产的剪刀。

一切筹备停当后，选在农历八月初八这天开张营业。这天，张思佳叫儿子张小泉在简易的店铺门前挂上两只红灯笼，系上一根红布带。

辰时时分，张思佳在店门口燃放了八个大炮仗和一挂长鞭炮，轰轰隆隆，噼噼啪啪，在一派喜气洋洋中，店铺正式开张了。张思佳还在店门口挂上一块写有"张大隆剪刀"的红色招牌。

然后，张思佳在店铺内的小桌上供上三牲福礼，点燃三炷棒香，祭拜财神爷，祈祷日后生意兴隆，能在杭州落地生根。

"新店开张，剪刀优惠啰——"才十来岁的张小泉一边手举剪刀，一边高声在店门口吆喝着。

这时，一群大妈、大嫂拥了过来，这个拿起剪刀看看是否灵巧，那个用大拇指甲试试剪刀的快口是否锋利。其中一个大妈对张思佳说："这剪刀钢火不错，我买一把。"说着从口袋里掏出一个红包，递给了张思佳。

张思佳接过红包说："大妈，我今天收你的红包，为的是开门见红，大吉大利。"然后张思佳再送了一把剪刀给这个大妈。其实，这是张思佳事先与这个相识的大妈沟通好的，就是为了这"开门红"。

谁知这开门一红就红出了以后的刀具著名品牌——

张小泉。

到了明崇祯元年（1628），张小泉接管店务，为了避免同行冒牌，就改"张大隆"为"张小泉"，用自己的名字作为招牌。

张小泉主店后，在继承他父亲打剪刀技艺的基础上，还首创了刀刃嵌钢这一绝技，他生产的剪刀成为称雄杭州市场的"五杭"（杭扇、杭线、杭粉、杭烟、杭剪）之一。

有一天，一位老者领着一个十七八岁的年轻人来到张小泉的剪刀铺，说是要拜张小泉为师学手艺。

张小泉心里想：现在店里生产的剪刀供不应求，是要添几个帮手了，有人找上门来，这不正好嘛。心里这样想着，就朝这年轻人打量了一番，觉得此人长得挺结实，便对这年轻人说："小伙子，这世上有三苦，打铁摇船磨豆腐，打剪刀可是苦生活，你吃得消吗？"

这年轻人对张小泉说："我从小在山上砍柴，吃惯了苦，手也有劲。"说着挥了挥手臂。

张小泉笑笑说："那好吧，你先在我铺里做一段时间的杂役，要是你能行，我就告诉领你来的这位介绍人，选个日子，正式拜师学手艺。"

就这样，这年轻人每天起早先生好打铁的炉子，然后打扫店铺，整理打剪刀用的钢铁材料，有时还站在张小泉边上看着他打剪刀。

时间一晃，三个月过去了。张小泉在"试徒儿"中觉得这年轻人为人正直，勤劳，肯吃苦，就决定正式收他为徒弟。

农历六月初八这天，张小泉请来见证人，以及学徒的父母和介绍人，在剪刀铺里摆放一张小方桌，挂上祖师爷老子①的画像，点燃一对红蜡烛，学徒的父母将带去的三牲福礼摆上供桌。

此时，介绍人拉着学徒走到供桌前，学徒焚香后向铁匠祖师爷老子行叩拜礼。

然后，介绍人请师傅张小泉上座，学徒上前向师傅行三鞠躬礼。介绍人在一旁唱夯：一鞠躬，感谢师傅日后辛苦指教；再鞠躬，勤奋努力，步步登高；三鞠躬，携手共进，来日更好。

学徒向师傅行礼后，学徒的父亲向张小泉递上一封拜帖。拜帖上写道："师道大矣哉，入门受业投一技所能，乃系温饱养家之策，历代相传，礼节隆重。今有愚生×××，幸遇名师，愿入门下，受业养身，修德正道。自后虽分师徒，谊同父子。对于师门，当知恭敬。身受训诲，没齿难忘。情出本心，绝无反悔。空口无凭，谨具此字，以昭郑重。"

张小泉看罢拜帖，徒弟恭敬地向师傅张小泉敬上一杯清茶。张小泉闻了闻茶香后，轻轻地呷了一口茶，只觉得从喉咙慢慢地暖到了心里。然后，张小泉将事先准备好的一份礼物回送给徒弟。这礼物是桂圆干、芹菜、葱。

有人会说，这算什么礼物呀，不就是一点蔬菜和水果吗？嗳，拜师时师傅的还礼可有讲究呐。桂圆干寓意开巧生智，芹菜寓意勤奋好学，葱寓意聪明。

①传说老子李耳用丹炉烧炼"九转金丹"时，无意间制造了铁，之后经过敲打，竟成了铁器，民间称老子为铁匠的祖师爷。

张小泉将这些礼物递给徒弟后，认真地对徒弟说："学手艺须先学做人，日后应当以诚实为本，诚心做事，勤奋刻苦，永不自满。"说着，再将一把铁榔头作为信物双手递给徒弟。

徒弟手捧沉甸甸的铁榔头，再向师傅深深地鞠了一躬，从此开始了他的学徒生活，三年学徒生活也从这日开始算起。

"一日为师，终身为父"，哪怕是只教过自己一天的师傅，也要一辈子当作父亲那样敬重。敬师尊师之道，历来就是中华传统美德。

话说到了清乾隆四十五年（1780），乾隆皇帝下江南，在杭州购得张小泉剪刀，带回宫中供嫔妃使用。后宫的嫔妃们对张小泉剪刀是个个爱不释手，称赞声一片。那乾隆皇帝自然高兴啊，便在京城下旨，钦定张小泉剪刀为宫廷用剪，而且还御笔亲题"张小泉"三字，赐为字号。

如此一来，张小泉剪刀更是名声大振，销量不断提高，而且张小泉善于革新和经营的风格好似一股旋风传遍杭城及周边地区。

这不，在老余杭镇上，有一家由苏姓商人开的丝绵加工厂和丝绵销售铺也学张小泉的经营模式，经销自己厂里生产的丝绵。

做丝绵需要将煮过的茧子在清水中冲洗以去除胶质，胶质去除得越净，丝绵就越柔软。因此对冲洗茧子的水的水质非常讲究，所谓"水清则丝白"。

这苏姓商人千方百计寻找好的水源。这天，这名苏姓商人来到源于天目山的东苕溪边,看到涓涓溪水缓缓流到老余杭通济桥下时,冲刷着桥下的两块青石板,水变得更清、更绿了。因而这里便成了苏氏洗涤丝绵的绝佳之处,其生产的丝绵特别洁白,而且质软绵韧,被称为"清水丝绵"。

宣统二年（1910）,南洋劝业会在南京举办,余杭清水丝绵参加展出并得了奖。自此,余杭清水丝绵销量更大了,订单似雪片一样纷纷飞来。

这苏氏经商向来以诚信为道。他为了酬谢大客户的惠顾,就用较厚的粉色纸制作了一种长方形的小折子,名叫"经折儿",用时下的话说,就是一张信用卡,发送给大客户,作为赊账的记账本。每当这些大客户需要采购丝绵时,就在这经折儿上写明,派人送到店里。

苏老板收到经折儿后,按客户折子上写着的丝绵品种和数量一一置办,然后记账盖章后将丝绵与经折儿一并送回。

每到端午、中秋、腊月廿三,苏老板便派人上门去收账,结清付讫,买卖继续。当然也有刷爆"信用卡",账期到了不能付清赊账的人。苏老板最讨厌不讲诚信的人,对这种客户,他绝不手软,除了取消可以赊账的资格,收回经折儿,拉入"黑名单"外,还要收取一定比例的滞纳金。

是呀,诚信是人之心灵最圣洁的鲜花,也是当今社会主义核心价值观的重要体现。

那时,在离老余杭苏姓丝绵店不远的南渠河边上,有一条出了名的"小猪弄"（当地称仔猪为小猪）。

顾名思义，这条长不足一百米的弄堂里是仔猪交易市场。附近的和富阳、临安的卖仔猪的人都到这里来出售小猪，有的将小猪装在竹编的笼里，有的搭个猪棚，将小猪放在棚里。小猪有全黑的，有两头乌的，有全白的。

每天清晨，这里满是"哼哼哼""呼噜噜""吼吼吼"的猪叫声，此起彼伏，高音低声交错，好似一曲曲混乱的"交响乐"。

到这里来扚（购买）小猪的，有本地的农民，也有赶了十几里路来的外地人。

有一个大伯在小猪弄兜了一圈后，相中了一头两头乌的小猪，可是他一时掏不出买小猪的本钱，便对卖小猪的人说："这位大哥，我这段时间手头紧，付不起买小猪的钱，能否让我先赊着，等养大后拉尾巴（指杀猪时要先拉住猪尾巴）时再回钞？"

卖小猪的爽快地说："大伯，我相信你，前年春上你扚的小猪不也是拉尾巴后回钞的嘛。"

说着，这个大伯给卖小猪的人出具了一张欠条后，拎起那头两头乌小猪，装进自己的猪笼里，背着猪笼兴冲冲地走了。

小链接：

"张小泉剪刀锻制技艺"于 2006 年被列入第一批国家级非物质文化遗产代表性项目名录。

抲小猪拉尾巴回钞这一交易习俗直至 20 世纪 80 年代还在杭州一些地方流行。这种交易方式以真诚、老实、讲信用为基础，难怪有人说，诚信是公民的第二张"身份证"。

参考文献

朱金坤总主编：《民间风俗》（余杭历史文化研究丛书），西泠印社出版社，2010 年。

杨根荣主编：《茗里风情》（老余杭文化丛书），杭州出版社，2013 年。

方仁英：《富春江渔文化记忆》，浙江文艺出版社，2015 年。

杭州市文化局编：《西湖民间故事》，浙江人民出版社，1978 年。

第三章
岁时节庆——鼓声劈浪鸣千雷

岁时有佳节 HANG ZHOU

中国民众对时间观念有一种独特的表达方式，那就是"岁时"。岁时是年度周期的时间符号，是与天时、物候的周期性转换相适应，在人们的社会生活中约定俗成的、具有某种风俗活动的特定时日。岁时节日是民众社会生活中的重要组成部分，在中国传统社会中，岁时节俗一直是民俗的主干。

岁时节日自汉魏以来逐渐形成体系之后，成为民众年度时间生活的重要段落标志。它调节着人们的生产和生活节奏，整合着复杂的社会人际关系，调适着人们的精神意绪，成为民众时间生活的社会依据。正如钟敬文先生所说，节日"随着人民能力、智力等的发达和经历时间的长久，这种传统文化，越来越显得丰富多姿。它不仅满足了人民一定的生活要求，也推进和巩固了社会秩序。它独特地尽着一种文化功能"[1]。

杭州地区承古吴越之风，岁时节日习俗丰富多彩。尤其是南宋建都临安（今杭州）后，人物凑集，商业发达，都市繁荣，致使杭州的岁时风俗日趋精细。而且往往岁时节日习俗的背后都有动人的民间传说故事，使岁时节日习俗充满人文色彩，也成为让岁时节日习俗不息传承的文化基因。

杭州丰富多彩的岁时节庆，可以从以下几个岁时节日民俗中窥见一斑。

[1] 钟敬文：《话说民间文化》，人民日报出版社，1990年。

过年，西兴祝福祭黄山

后梁开平元年（907），钱镠①平定了两浙内部的敌对势力后，在钱塘（今杭州）建立吴越国，成为五代十国时期的十国之一。

吴越国建立后的一天，国王钱镠在凤凰山麓的王宫思政堂里踱着方步，思考着治国方略。他在分析了周围藩镇割据、战乱频仍的情况后，心中忽然一亮，扬起右手一挥，斩钉截铁地说道："乃施以保境安民、休兵息民之国策，重农桑、兴水利，让国之臣民享受安定的美好生活也。"

然而，武肃王钱镠在实施"保境安民"这一基本国策时，让他最头痛的事，便是钱塘江那凶猛的潮水。它汹涌澎湃，怒涛滚滚，充满排山倒海的气势，常常淹没钱塘江两岸的村庄和田地，弄得老百姓不得安宁。这让钱镠是日不思餐，夜不思眠：这民生之事，可是天大之事呀！

若再说开去，钱镠曾用三千铁骑箭射潮神，虽一时潮落，可仍旧老方一帖，它还是照样气势汹汹，真让钱镠无奈呀！

① 钱镠（852—932），字具美，杭州临安（今杭州市临安区）人，吴越开国国君。

到了后梁开平四年（910），钱镠思虑再三后，下决心构筑捍海塘，以抵挡这汹涌的钱塘江潮水，保一方安宁。于是，他便诏令各县调集人马，采办竹木石块，并要求立马动工。

国王钱镠下诏修筑捍海塘后的第二天，他在思政堂里的书桌上铺开一张钱塘江沿岸的地图，从东到西、从南到北挨个儿看过去，发现江南岸有一个叫"西陵"的小镇。

钱镠觉得这个小镇地理位置特殊，既是两浙之门户，也是通往绍兴、台州、宁波的襟喉，是这次构筑捍海塘的一个重要地点，必须派遣得力之臣。于是他便提起朱笔，在地图"西陵"这个点上画了一个浓浓的红圈。

钱镠看完地图后又想，"西陵"这个"陵"字非吉语。他思考一番后，对身边的侍卫说："钱塘江南岸的西陵，立即改为西兴，兴我吴越也。"

再说西兴一带，紧挨着钱塘江南岸。这里年年受钱塘江潮水冲击，所以有"十年九涝"之说，百姓吃尽了苦头。几任知县曾经多次筑堤防洪，但屡修屡废，洪水还是常常淹没田地，毁坏房屋。

就在钱镠在地图上画红圈的第二天，西兴来了一名叫黄山的县官。他一上任，就到西兴这里来查看地情，和老百姓亲切交谈，商讨如何筑堤抗潮。

没过多久，县官黄山在一个名叫西南的人的出谋划策下，带领当地百姓，经过一年多的日夜奋战，终于在西兴修筑了一条西江塘。

西江塘筑好以后，萧绍平原一带从此水灾不再，百姓安居乐业，西兴的百姓对这位黄山县官是赞赏有加。

但这位黄山县官并没有因为自己解了百姓水灾之困而沾沾自喜，却思考着如何利用西兴特殊的地理条件，在这里构筑一个浙东运河货物转运的码头，让钱塘江北边来的货物，经过这里中转后，再经绍兴、上虞、余姚，一直到宁波，然后在宁波镇海下海运往海外。同时也通过这码头的建设，让这里的百姓农商结合，生活更加美好。

于是，他亲自蹲点西兴，与助手西南一起策划这项重大的"民生工程"。

皇天不负苦心人。在黄山县官和当地百姓的苦心经营下，在西兴初步建成了货运中转码头。

这码头一建，钱塘江北面的货物就通过船只运到西兴落脚，南来北往的客商纷纷在西兴寄运货物。因而在西兴就出现了专门为过往客商转运货物的"过塘行"（即中转机构）。

一时间，在西兴开办了过茶叶、过药材、过丝绸、过牛羊等等七十二爿半"过塘行"，布满了西兴一条街，西兴也因此成为非常热闹的一个市镇，天天是人声鼎沸。

这一天清晨，正当黄山县官在西兴巡查商业贸易情况时，突然从江边船上蹿上来五六个捕快，七手八脚地把黄山县官和他的助手西南用很粗的麻绳捆了起来，说是要押到京城去受审。

这好好的正在为一方百姓过上好日子而尽职的一位县官，怎么会突然被押解进京呢？当地百姓真是丈二和尚摸不着头脑,纷纷围拢过来为黄山县官说好话。有的还指着捕快说:"你们怎么不分青红皂白乱抓人哪?"

这时,一名捕头模样的人对众人说:"咱们也是奉命行事,听说他们俩在修筑海塘时,动用了皇粮和库银,皇帝追查了下来,要把黄山和西南两人带到京城去受审。"

说着,这帮捕快便将黄山和西南两人押上停在钱塘江边的一条木船上,朝钱塘江对岸驶去。

再说黄山和西南上了船后,两人紧挨在一起,黄山轻声地对西南说:"我们是为黎民百姓除灾而动用皇粮和库银的,没有一粒米和一分钱落入自己的口袋,此番就算是为民而死也无怨无悔。"

"你说得极是,就是死也要死在西兴这里,做了鬼也要保护西兴黎民百姓幸福安宁。"西南悄悄地对黄山说。

就在这时,钱塘江里突然掀起一阵大浪,把押运黄山和西南的这条木船推得是上下颠簸,左右摇晃。

也就在这时,黄山向西南使了个眼色,然后两人乘着船摇晃之机,纵身一跃,跳进了钱塘江里。当船上的捕快发现时,这两人已经不知去向。

这事情很快传到了西兴一带,西兴的百姓立马拥到钱塘江边,对着滔滔江水呼喊,特别是那些开办"过塘行"的商人,更是扼腕叹息,也有不少妇女对着钱塘江号啕大哭。

谁知这哭声惊动了天上的玉皇大帝,当他得知这黄山和西南是如此爱民的两位臣民时,便封他俩为钱塘江的"水神",佑护钱塘江沿岸的黎民百姓。

正当大家为黄山和西南不幸遇难而悲痛万分时,村里的族长对众人说:"悲痛之情仅一时有之,我们当永久铭记这两位为西兴民众造福的好官,我提议自今年始,每年过年祝福时,家家祭祀黄山和西南两位英雄,让这两位英雄佑护西兴永久安康兴盛。"

众乡民觉得族长之言正是大家的心声,于是纷纷赞同。

转眼到了这年的农历腊月二十三,西兴家家户户掸尘,把房屋打扫得干干净净,以迎接两位英雄。腊月二十四日开始至二十八日,家家选吉日举行祝福仪式,祭请黄山、西南两位英雄,村庄上是天天鞭炮声轰鸣。

腊月二十六日这天,在西兴族长家里,族长穿着一身崭新的长袍站在堂屋里,指挥两名帮工把两张八仙桌拼在一起后摆放在堂屋的正中央。他对帮工说:"祭祀神灵,桌子的木纹一定要横着摆放。"

接着,族长走进里屋,捧出一个木制的神牌,上面写着"黄山之神位"五个字,然后恭恭敬敬地把神牌端放在两张八仙桌的上方中央。接下来,先供上三牲福礼:一条大鲤鱼、一大块条肉、一只大公鸡,公鸡尾巴上竖着三根鸡毛。再供上四样素菜:油煎豆腐干、青菜炒豆腐皮、冬瓜烧千张、红烧萝卜。最后供上苹果、橘子、甘蔗三盘水果,外加一块年糕和四只粽子,满满地摆了两桌子。

供品上齐后,族长在桌上摆上酒盅、饭碗各十二个,先在每个酒盅里倒上一小半黄酒,然后点燃一对蜡烛和三炷香。蜡烛燃烧的火焰扑腾扑腾地跳跃着,那一缕缕轻烟弯弯绕绕地弥漫在屋子里。

正在这时,族长的儿子、媳妇、孙子也从外面回来了。他们就为了这一场过年祝福祭黄山的仪式而赶回家的。

接着,祭祀礼仪开始。先由族长四跪八拜四叩首祭拜,嘴里念道:"感恩两位水神保西兴一方风调雨顺,保西兴百姓生活安宁、家庭兴旺,祝福来年稻熟蚕丰,百姓生活红红火火。"族长祭拜后,他儿子、孙子依次进行叩拜。

有人会问:族长夫人和媳妇怎么不出来拜拜这两位英雄啊?原来,相传两位治水英雄跳江以后,他们的神灵是裸身而来的,所以女人是要回避的。

这时,族长走到供桌旁,在十二个酒盅里添加黄酒。过了一会儿,又添加了一次黄酒。如此酒过三巡后,族长对他儿子说:"你去大门口焚烧纸元宝,烧尽后要在元宝灰四周洒上黄酒。"

元宝烧尽后,鸣炮送神,祭祀完毕。

小链接:

"西兴祝福"于 2007 年被列入第二批浙江省非物质文化遗产代表性项目名录。近年来,杭州西兴街道在实施乡村振兴工程中传承着这一传统民俗,现已成为乡村旅游的一项内容,并以这一独特的习俗和美好的祝福砥砺后人。

元宵，河上龙灯动地来

南宋绍兴九年（1139）的元夕（即元宵节），是南宋王朝在临安（今杭州）定都后的第二个元夕节，城内是"家家灯火，处处管弦""拦街嬉耍，竟夕不眠"。

是日，官家还会给百姓、艺人、生意人发钱、酒，让他们欢庆佳节，以示普天同庆之意。更有从汴京传过来的万灯长龙，由十七人举着挥舞，那真是一派热闹繁华的景象呀。

其实，除了京城，附近的乡村也是火树银花不夜天。这不，在萧山西南部的河上镇，用一条条板凳串联而成的板龙灯，从傅家祠堂出发，浩浩荡荡行游村里，锣鼓喧天，观者如潮。

然而，河上镇的板龙灯并不是为了庆祝南宋王朝定都临安而特制和舞动的，而是另有其因。

在河上镇流传着这样一个传说：唐太宗李世民在位那会儿，因为泾河老龙和星象家袁守诚斗气打赌，故意篡改玉皇大帝降雨任务单，造成河上这一带连续三个月没有一点雨水，河水干了，眼看庄稼就要枯死了。①

① 此传说似借用了《西游记》中的情节。

这天，唐太宗李世民得到这一旱情报告后，觉得这是关乎国计民生的大事，便下旨在京城设一祭台，并亲自登台，向泾河老龙祈雨。

这泾河老龙原本还不肯降雨，可是看到河上一带百姓如此受苦，且又是皇帝亲自出面相求，便起了恻隐之心，于是降下了一场大雨。久旱的田地被这场大雨浇了个透，枯黄的庄稼慢慢变绿了，河上的百姓愁苦的脸上露出了笑容。

可是，这事被玉皇大帝得知了，说这条泾河老龙私自篡改降雨单，触犯了天条。这天，玉皇大帝降下旨令，传这条泾河老龙来到天庭，命令天兵天将把这条老龙五花大绑，斩成了好几段。

河上的百姓得知这一消息后，都为这条老龙被斩而纷纷喊冤。就连唐太宗李世民也向玉皇大帝求情，请求玉皇大帝开恩，在每年的元夕，让被斩断的泾河老龙还原其身。玉皇大帝依了皇帝的请求，答应让泾河老龙在元夕还原五天。

再说这河上镇里大多数人姓傅，在镇中心朝南建有两进的傅家祠堂，每逢镇里有重大事宜要商量，镇里的民众都会集中在祠堂里商议。

这天早上，族长招呼镇里的人聚集到了傅家祠堂。人到齐后，族长对众人说："为了感恩这条救百姓生命的老龙，全镇每家拿出一条板凳，用板凳扎灯，让老龙被斩断了的龙身连接起来，成为一条长龙，每年正月十三为龙头祭典开光，元夕出灯，十七化灯，让老龙上天，这样正好是老龙还原的五天。"

族长话音刚落，村民发出一片赞扬声，称赞族长的这个主意好。这样既可以让被斩断的老龙还原，也能表达河上人对老龙的感恩之情。

这时，一个做篾匠的村民自告奋勇地说："这龙头、龙尾就由我来做吧，我一定做得像模像样，高大气派。"

俗话说，众人拾柴火焰高。就这样，河上镇家家户户扎板龙，很快就做成了有二三十米长的一条板龙灯。有的人家还扎制了高头白马灯，有的人家用鸡毛做成了"鸡毛猢狲（即猴子）灯"。

各家各户做好的灯，全部集中放在傅家祠堂里。你看，那特别高大、五颜六色的大龙头，龙嘴张得大大的，两只龙眼睛是灼灼有神；一片片龙鳞都是凿花后镶嵌上去的，非常逼真，非常威武，也非常好看。那匹高仰着头的白马，似乎在仰天长啸，尤其是那只鸡毛猢狲灯，活灵活现，就等待来年元夕出灯了。

转眼到了第二年的正月十三。这天午后，在傅家祠堂东面的一块广场上，从四面八方赶来的人将广场挤得水泄不通，为的是观看将要在这里举行的龙头祭请、祈福和开光大典。

广场正中的祭台上已经摆好了一对红烛、一个香炉，以及一个熟猪头、一只全鸡、一条活鱼、一碗豆腐干，还有盐、糖、豆腐、鸡血各一盘，柑橘、甘蔗等水果和饭、酒。猪头的嘴巴里还叼着一条猪尾巴，表示"全猪"。

祭台前方摆着十二根大红蜡烛，每根足有百把斤重。约有一人高的高香已经点燃，袅袅轻烟将现场渲染得无比庄严、喜庆。

祭台后面正中，停放着高大的龙头和龙尾。装扮得十分精致的龙头，微微张开宽大的嘴唇，显得十分威武。

吉时一到，开光大典正式开始。鞭炮鸣放，鼓乐奏响，先祭拜龙头，祈祷新的一年风调雨顺，百姓身体康健，生活红红火火、幸福美满。

接着，为板龙开光。这是开光大典最隆重的仪式了，也是最激动人心的时刻。

给板龙开光用的水，称"圣水"，是由村里的"抢水队"一大早从钱塘江、富春江和浦阳江汇合的三江口抢来的"头口水"，这意味着一整年顺风顺水。

就在这时，族长把案桌上三支大毛笔一把捏在手里，高高举起后，将这把"点睛笔"满满地蘸了蘸大碗里的"圣水"，然后在龙的两颗大眼珠上轻轻地点了一下。刹那间，龙身彩灯一起点亮，龙眼大开，光芒四放，威武鲜亮的龙头瞬间就有了活气，引得台下民众一片欢腾。

族长给板龙点睛开光后，将三支"点睛笔"用力向空中抛去。这时，在场的民众纷纷争抢"点睛笔"。他们认为，给龙点过睛的笔，带有好运，能开启智慧，所以拼尽全力去抢。那场面是既热烈又欢腾。

板龙开好光，接下来就是出灯仪式了。乡亲们给龙头披挂红绸绿带。然后，在锣鼓声中，披红挂绿的板龙头和龙尾就像待嫁新娘一样，在村民们的簇拥下起轿了。

板龙头和龙尾穿过密集的人群，来到早就准备好的龙身前后，接成一条长达二百米左右的完整板龙，雍容华贵，威风八面。

接龙成功后，马灯、"高照"在前，龙灯在后，穿过河上老街，到各村坊巡游。这是新年龙灯的第一次亮相，也被称作"试灯"。

河上龙灯第二次出场，那就是正月十五闹元宵了。这长长的板龙灯，再次到各村坊巡游一圈。沿途的家家户户，摆香案，献供品，放爆竹，迎祭神龙。龙头即向设香案人家三点头，以示龙王回敬赐福。

到了正月十七晚上，那是河上龙灯胜会最精彩的压轴戏了，也是河上板龙灯进行化灯，让老龙上天的大日子。

这天，村民们早早地吃过晚饭，纷纷来到傅家祠堂东边的广场上，等候着晚上的化龙灯。

夜幕慢慢地降下，只见人群中一阵骚动，令人最期待的时刻到了。

伴着震天的锣鼓声，首先上场的是三匹"宝马"。每匹"宝马"由五名儿童拉着，开始在广场上飞奔。三米多高的马头，洁白的马身，马颈上挂着大红绸花，格外显眼。马下装有轮子，有一人在后面掌舵，防止"宝马"冲进人群。此时，观看的人们似乎听到马啸声声，直冲云天。

第二个上场的是大旗了。这大旗，在河上镇称"高照"，恰似皇宫仪仗队出行时前面引导的中幡。它有十三米高，上面绘有精巧的八卦图，两边横有三十四道龙骨，龙骨上共挂着六十八只点亮蜡烛的红灯笼，高高地照着，显得十分喜气漂亮，又十分高大醒目，故称"高照"。

每个自然村各出一面"高照"，上面写有村坊的名字，其实这是一场制作技艺的比试。

第一面大旗来了。只见这十几米高的大家伙，几十个人把它抬进广场，几个壮小伙用"Y"字形的木叉子，顶着旗杆，一层层地往上顶，直到把大旗竖起来。

这时，有一壮汉，弯下身子，用双手握住竖立的旗杆底部，用足全身力气，嘿的一声大吼，瞬间将大旗往上一擎，只见大旗在他手中凌空竖立。

举旗的壮汉边走边扭动身子以保持重心平衡，突然间，他将大旗托起后放在额头上，迎着风向挺立，引得观众发出一片喝彩声。

"倒了！倒了！"突然人群中有人大声惊呼。一面大旗正在向下倾倒。这时，守护在大旗边的几名小伙，赶紧拿起"Y"字形木叉子，将倒下来的大旗一举顶住，将它继续竖起。

来了！今晚的主角出场了，人群中发出一片欢呼声。在造型奇特的龙珠引导下，高两米多，栩栩如生的龙头在傅家祠堂里进行"绕庙柱"仪式后，缓缓地"游"了出来。后面紧跟的是一段一段的板凳龙身和龙尾。在段与段之间，还有十二生肖工艺灯、鸡毛猢狲灯等彩灯作为装饰。龙尾长一米多，高两米左右，其尖端处有五指分叉状的尾鳍。

当河上板龙全部进入广场后，和着激昂、粗犷的锣鼓节奏，板龙开始狂舞。长长的龙队依次盘出"神龙抢珠""元宝抽心""柴爿扣""反柴爿扣""跑马阵""梅花阵""四方阵""风炉栅子"等龙舞阵式，华美绝伦，气势恢宏，令观众看得惊心动魄，大呼过瘾。

来来回回几番巨龙翻腾后，眼看已到子时，神龙要升天了。那是因为当年玉皇大帝答应唐太宗，还泾河老龙原身的时间只有五天，今天是最后期限了。

就在这时，广场上的长龙飞舞进入最后的高潮——"绞龙浆"。先将长龙盘成一个大圆圈，然后在快速奔跑中，每个舞龙者用尽全力，边舞边扯开龙段，将原本连在一起的长龙舞得段段分开，直到散架为止。

此时，观赏龙灯的人也纷纷加入龙灯队，扶着板凳跟着跑，还有的拥上前去"扯蚕花"，即从龙身上扯下一些鳞片带回家去，以期养蚕会丰收。那真是一派热闹和喧嚣的景象。

一阵狂欢后，河上板龙散了架。之后人们将龙头、龙段和龙尾抬到永兴河溪滩上，在摆好的香案前，进行化龙灯。有人将龙头与龙段点燃，送龙王上天，让板龙带着河上镇乡民的祈愿化身而去。

此时，围观的人们纷纷祈祷：恭请老龙保佑来年风调雨顺，国泰民安。

板龙已化为灰烬，然人们仍久久不愿离去。

小链接：

板龙灯除萧山外，在余杭、临安等地也有流传。萧山"河上龙灯胜会"于2009年被列入第三批浙江省非物质文化遗产代表性项目名录；2014年被列入第四批国家级非物质文化遗产代表性项目名录。近年来，河上板龙灯经过不断传承，龙头制作更加精致，每节龙段装饰得更加多彩，并且培养了一批制作龙头、龙尾和舞龙的年轻人。

清明，超山万人轧蚕花

民国三年（1914）清明节的前一天，上海《申报》的一名记者因读了俞曲园①先生写有"太史（即塘栖太史第）水嬉之曲"的文章，"尤不禁令人生胜会不常之感也"。他便特地从沪上赶到杭县（今杭州）塘栖镇，想亲眼看看如此盛事。

这天傍晚时分，这名记者来到了位于运河边的塘栖古镇，只见运河里漕运繁忙，两岸商铺前面廊檐相连，下雨时行人可不打伞。又见镇内几条市河里，已经塞满了从塘栖西北以及德清县属各乡村为明天祀祝蚕桑而赶来的大小木船。

《申报》记者见此状景，预感到明天超山的蚕花胜会一定是非常热闹。

第二天，便是清明节了。这天，风和日丽，草长莺飞，这名《申报》记者一大清早就从塘栖镇来到了风光绮丽的超山。映入他眼帘的是一片望不到边的梅树林，红色的、粉红色的、白色的梅花大多已经化作春泥，那一根根挺拔的梅枝儿在春风里轻轻地摇曳着，似乎在向他频频招手。

① 俞曲园（1821—1907），名樾，字荫甫，自号曲园居士，德清县城关乡南埭村人。晚清学者、文学家、经学家、古文字学家、书法家。俞曲园四岁起寓居临平外祖母家，清明时常经塘栖回德清扫墓。

他沿着小径，信步来到超山大明堂，看到大明堂前的唐梅、宋梅，铁干虬枝，姿态婀娜，虽饱经风霜，但仍傲然挺立，枝头还稀疏地绽放着几朵红梅。

"阿花，你快点走啊！"正当这名记者被两棵老梅树深深吸引时，突然从身后传来一个声音。他循声望去，在梅树林边上的一条小路上，一前一后走着两名中年妇女。走在前面的大约四十岁，穿一身蓝印花布的衣裤，头上插着一朵好像月季花那样的红纸花，肩上还背着一个红布包。走在后面的叫阿花的那名妇女，发髻上也插着同样的纸花，在绿林中显得格外耀眼。

《申报》记者赶紧穿过梅树林，跟上这两名中年妇女。一经打听，才知道超山蚕花胜会不是在超山举行，而在超山之侧的庙山。这就让他想起俞曲园先生的文章："其上有庙，祀五圣神，庙祝多丁姓子弟，倚香火为生，计清明节一日间收入之资，足抵一岁赡活。"可见清明超山蚕花胜会人丁之众了。

小路转了一个弯，就到了目的地庙山。他们一到这里，就看到已经是人山人海了。人头攒动中，有中年人、老年人，但更多的是年轻人。特别是男男女女头上戴着五颜六色的纸花，一眼望去恰似花海一片，如此灿烂，如此浪漫！正所谓"剪得纸花双鬓插，满头春色压蚕娘"。

那名叫阿花的妇女告诉《申报》记者："每个人头上戴的花，我们叫'蚕花'，是用彩纸或绢做成的，这是养蚕人家为了蚕花廿四分而讨的彩头。"

正说着，蚕花胜会祭祀仪式开始了。有五名乡绅手持高香，进入五圣庙，三叩拜后将香插入香炉，然后敬茶。

这时，主祭人高唱："上祭品——"只见八名壮年男子分别托着盛有猪头、鲤鱼、公鸡、鸡蛋和苹果、香蕉、橘子、甘蔗的红色托盘，依次进入五圣庙，一一供于香案。

祭品供上后，五名乡绅分别向五圣神敬酒，再叩拜后退出。此时，主祭人高唱："众信徒进香——"

主祭人话音刚落，在场的老老少少、男男女女手持棒香，挤着拥着向五圣庙叩拜后，再将点燃的棒香插在庙前的大香炉里。一时间，轻烟弥漫，笼罩庙山。

记者好奇地问阿花："今天是蚕花胜会，怎么不见蚕花娘娘啊？"

就在这时，只听见主祭人高唱："恭请蚕花娘娘出巡，护佑蚕乡蚕花廿四分——"

"你看，娘娘来了！"阿花指着五圣庙方向对记者说。这时候，在一片呜哩哇啦的吹奏声中，一班吹鼓手引导着八名轿夫抬着一顶四面翘角的花轿——轿内端坐着一位身披洁白圣衣的"蚕花娘娘"——正从庙堂里缓缓出来。

花轿抬出庙门后，在案桌前轻轻放下，五名乡绅手捧点燃的高香，走近花轿，向"蚕花娘娘"敬香后三叩拜。接着由三名儿童分别手捧鲜花、水果、糕点，敬献给"蚕花娘娘"。

此时，一位老者走上前来，摊开手中的黄色绫绢，朗朗地恭读祭文，祈求蚕花娘娘赐福人间，蚕业丰收。

诵读祭文声刚落，主祭人高唱："敬拜蚕花娘娘——"霎时，人们纷纷拥向花轿，你挤我轧，向花轿中的蚕花娘娘行礼。

"起轿——"在主祭人一声高喊中，蚕花娘娘的花轿由八人抬起，向人群中走来。花轿中的蚕花娘娘不时地向人群抛撒蚕花，恰似仙女散花，引得人们纷纷去挤轧争抢蚕花。

抢到蚕花的阿花对记者说："塘栖一带家家户户种桑养蚕，听我爷爷说，从明朝那会儿开始，每年清明节蚕种刚到，蚕户们就赶到超山来祭蚕神，轧（吴方言，音"嘎"）蚕花，轧得越闹猛，预兆当年蚕花越兴旺。"

"那你们身上背着的红包包，里面装的什么呀？"《申报》记者又好奇地问。

"这包里面是蚕宝宝的种子，叫蚕种包，背到这里是让蚕种沾上蚕花娘娘的喜气，今年蚕花就会廿四分啰。"阿花满怀喜悦之情，似乎看到了蚕花丰收的情景。

这时，记者看到一些小伙子趁乱偷偷地将蚕花插到姑娘的辫子上，有的姑娘辫子上插了五六朵蚕花。

"阿花，你看，那个姑娘的辫子上被别人插了好多花呀，那姑娘还挺高兴的哟。"

"哪个姑娘辫子上的花多，那她家的蚕花就旺，今年蚕运大发，你说她会不开心嘛。"阿花接着说，"中饭以后在丁山湖还有各种水上表演呢，我带你一起去看看吧。"

庙山上的轧蚕花直到中午才慢慢散去，那蚕花芬芳的气息仍在山间慢慢悠悠地飘荡着，在每个人心中慢慢悠悠地飘荡着……

吃过中饭以后,《申报》记者在阿花的引领下,来到超山脚下的丁山湖畔,这里已经是人声鼎沸,就像是烧开的一锅水。

突然,从前方传来"好!好!好!"的喝彩声。阿花领着记者赶紧赶了过去,只见一名壮汉袒露的右臂上扎着一个铁钩子,钩子下面的铁链上挂着一个铁香炉,香炉里点着火,人拎着香炉在场上兜圈子。

观众中有人问这壮汉:"这香炉真是铁的吗?"壮汉说:"不信的话你来试试,足有五十斤重。"

记者问身边的阿花:"这个是什么表演?"

"这叫扎肉心灯,没有一点真本事是不能玩的。"阿花告诉他。

这边扎肉心灯还在表演,那边丁山湖湖面上响起了《急急风》的锣鼓声。只见在一片十分开阔的水面上停着三艘画舫船。

画舫上铺设木板,中列屏风,悬以神像,供置三牲及丝茧等祭品,艄尾各置五色旗帜,临风飘飘。

在一艘画舫船上,有女子以锦帕掩面,端坐于屏风后面,任人平视。男子群趋屏风前,有四人敲打锣鼓,两名赤膊青年在锣鼓声中走到甲板中央,双手抱拳向观众致礼后,啪的一声摆出一个马步,接着嗖的一声来了一个扫堂腿,然后便在甲板上一阵狂奔,立定后两人表演武技,其手臂和身上的肌肉毕现。

这艘画舫上的武技表演刚一结束，另一艘画舫上丝竹声响起，有六七名十三四岁的少男少女，效仿仙家装束，头戴莲花冠，身着绿色衣裳，面敷脂粉，手打幡竿，曼声浅唱花名宝卷……

观赏人群中喝彩声、鼓掌声此起彼伏，就像丁山湖水激起的层层欢乐的浪涛，在人们心里追逐着、洋溢着。

小链接：

超山轧蚕花起源于宋代，盛于明清，一直延续至2004年清明节。"轧蚕花"作为蚕桑民俗内容之一，于2007年被列入第二批浙江省非物质文化遗产代表性项目名录。

立夏，半山送春又迎夏

北宋末年，在杭城东北面的半山地区的一个村子里，有一名倪姓少女，长得眉清目秀，人又聪明伶俐，乐于助人，因此受人喜爱。

少女十五岁那年，金兵南下攻取北宋首都东京汴梁（今河南开封），掳走徽、钦二帝后，一路南下，追杀南逃的康王赵构。

就在这年立夏节前的几天，康王赵构在南逃的路上经过半山这个村子，后面的追兵已经步步逼近，眼看就要被追上了。

这时，正在割草的倪姓少女看到这一幕后，灵机一动，便从溪滩上搬来一箩筐沙子，撒在金兵要经过的路上，又用笤帚扬起大量沙尘。金兵误以为前面有宋兵列阵，不敢贸然而进，便放慢了追击，康王赵构因此得救。

当追击的金兵知道事情的缘由后，来到半山这个小村，抓住这名少女后将她杀害。

南宋绍兴八年（1138），赵构定都临安（今杭州）。

这天,赵构在后花园赏景时,突然想起曾救他一命的少女,便立即率领随从赶往半山寻访。当他得知这名少女已经被金兵杀害后,非常惋惜,便敕封她为"撒沙夫人",还令当地建庙以祀。

可是当地百姓很少称这名少女为"撒沙夫人",而称她为"半山娘娘",这庙也叫作半山娘娘庙,简称娘娘庙。

再说这个半山村里大多数人家都是姓倪的,他们为有这样一位勇敢机智的少女而感到骄傲,也为她这朵尚未开花的花蕾惨遭扼杀而感到十分悲伤。

到了南宋绍兴十年(1140)立夏节前的某一天,村里倪姓人聚集在村口,商议如何纪念这位少女以及过立夏节的事宜。这时,有人提议说:"为了纪念村里这位勇敢的少女,今年立夏节的送春仪式放在半山村口举办,而迎夏仪式就放在娘娘庙前的广场举行。"村里人一听,都说这个提议好,这样就可以让娘娘护佑半山村人丁兴旺、蚕桑兴盛。

过了两天,就到立夏节了。这天辰时刚过,半山村的村口就已经挤满了人,等待在这里参加送春仪式。

正说着,不远处锣鼓声大作。不一会儿,身穿大红汉服的人抬着四面大铜锣,分两排敲打着铜锣在前面开道,后面紧跟着一面大皮鼓。大皮鼓后面是一面高高的大纛旗,由一名壮汉举着,从旗杆中部拉下四根绳子,前后左右各有一人拉着。

紧跟着大旗的,是二十四名身穿汉服的壮汉和二十四名着同样服饰的童男童女,代表二十四节气。再后是一面很大很大的红旗,上面写着"送春迎夏"四个金色大字，在初升的太阳的照耀下显得光彩夺目。

在这面大红旗的后面，跟着十几名蚕娘，有的手里拿着圆圆的蚕匾，蚕匾里有蚕宝宝在吃桑叶，有的举着翠绿的桑树枝，有的捧着五彩泥猫，她们的头上都戴着一朵鲜艳的蚕花，手舞足蹈地向村口走来。

送春的队伍来到村口的一块空地上，面朝事先搭置好的红台，一列列整齐排开。

巳时时分，一名身着中式服装的司仪走上红台，高声唱道："天地循环，周而复始。据历法测算，再过半个时辰正是春夏交接之时。我们在此先送走春姑娘。半山送春典礼现在开始——"

司仪话音刚落，鼓乐奏响。鼓乐声息，司仪唱道："请主祭人恭读送春辞——"

这时，一位身着绿色衣衫的长者健步走上红台，展开手中红色的卷轴，朗朗恭读王维的《送春辞》："日日人空老，年年春更归。相欢在樽酒，不用惜花飞。"

《送春辞》读毕，主祭人高声唱道："送走今年春天，盼望明年的春天更加美好——"

台下众人齐声喊道："越来越好！越来越好——"声音穿越人群，在天空中久久回响。

司仪又唱道："半山立夏节迎夏巡游现在开始，让我们一起去娘娘庙迎接夏姑娘吧！"

此时，鼓乐声响起，巡游队伍按原先排列的次序，循着弯弯曲曲的小道，一路敲锣打鼓，来到了位于半山山腰间的半山娘娘庙前广场。

当巡游队伍在广场站定，已到了春夏交接的时辰。这时，司仪走上设在半山娘娘庙前广场上的大祭台，庄重地宣布："立夏时辰已到，迎夏祭祀典礼开始，奏乐、鸣锣——"

唢呐、笛子、"照禁"（一种长丈余的铜制吹奏乐器）等乐器奏响行进曲。代表春夏秋冬的四面大铜锣和一面大皮鼓，"咣咣咣、咚咚咚"，震天动地地敲响，迎接夏姑娘的到来。

鼓乐声停止，司仪喊道："上祭品——"十二名青年鱼贯而上，将盛装在红色托盘里的供品恭敬地摆放在祭台上。供品有猪头、公鸡、全鱼"三牲"；青菜、萝卜、南瓜"三蔬"；桑葚、红果、香蕉"三果"，以及乌黑发亮的乌米饭和三茶六酒，满满地摆了一祭台。

"点烛、上香——"随着司仪的呼喊声，身着红色汉服的主祭人走近祭台，点燃一对大蜡烛，然后秉香，随司仪口令，朝庙中的半山娘娘行六叩首高礼。

"致迎夏祝辞——"司仪又一声高喊。

一名副主祭人走上祭台，高声诵读："斗指东南，维为立夏；天阳下济，地热上蒸；天地气交，万物华实；樱桃成熟，嫩笋成竹。蝼蝈鸣啼，蚯蚓出土；王瓜刺生，苦菜叶秀。南方天帝，乃是炎帝，夏神祝融，倪氏正源。尝试百草，治病救命，按节耕稼，植麻制衣。夏官祝融，司夏之神，以火施化，功德无量……立夏内涵，天人一统，人和自然，融合一体……"

迎夏祝辞诵读完毕，全场人员按春、夏、秋、冬分成四组，向半山娘娘行跪拜礼，并齐声高呼："请娘娘赐福，盼娘娘带来风调雨顺、丰衣足食！"

这祈盼美好生活的呼喊声响彻云霄。

接着，随着司仪一声"礼成——"，有四人抬着两大桶热气腾腾的乌米饭来到广场。霎时，一阵浓烈的清香在空气中弥漫，广场上的人们一起分享这立夏节的传统食品。

半山村的人说，立夏节吃乌米饭是半山一带的传统习俗。它是用山上自然生长的一种灌木的树叶，用手搓出汁水后，与糯米一起烧制而成的，乌黑锃亮，香气扑鼻。

当地人说，立夏节吃了乌米饭，可以消夏避暑，上山干活也不会被乌米虫（一种小昆虫）叮咬。

立夏乌米饭

送春迎夏仪式结束后，村里的童男童女赶紧来到半山脚下的一棵大树下，树枝上挂着一杆大木秤，秤钩上吊着一条凳子，孩子们争先恐后地坐上去称一称。

把秤的人总是把秤杆往上翘，一个个报数："四十斤！""五十斤！""六十斤！"孩子们快乐的嬉笑声一浪高过一浪……

小链接：

立夏习俗在杭州地区广为流传，内容和形式因地而异。"半山立夏习俗"作为中国二十四节气的组成部分，于 2016 年 11 月被联合国教科文组织列入人类非物质文化遗产代表作名录；2021 年被列入第五批国家级非物质文化遗产代表性项目名录扩展项目名录。

端午，蒋村龙舟迎胜会

明朝末年，暮春之时，西溪蒋村一带遭遇大旱，刚种下的水稻秧苗因缺水而慢慢枯黄，连池塘里的鱼也因为只剩了少量的水而奄奄一息。乡民们眼看一年的收成就要成为泡影，急得像热锅上的蚂蚁。

这天，村里的族长把全村人叫到蒋家祠堂，对众乡民说："各位乡邻，看来这老天一时半会还不会下雨，为了田里的庄稼，我们只能向天上的老龙求救了。"乡民们觉得眼下也只有这一法子了，试试看，死马当作活马医。

第二天清晨，乡民们在蒋家祠堂的外面搭了一个祭台，台上摆了一副大烛台，由族长点燃，再敬上三炷香，供好三牲祭品，然后族长领着众乡民向天跪拜。

族长口中念念有词："天上降雨老龙开开恩吧，为救我黎民而顿降甘霖，我等百姓将不胜感激。"

族长祭拜后，吩咐众人从家里拿来蚕宝宝"上山"结茧用的"龙弓草"，将它们搭成一条龙的形状，然后将"龙弓草"点燃。顿时，浓浓烟雾直往天空蹿去，恰似一条黑龙在空中游荡。

再说天上的这条降雨老龙正在打瞌睡，被这飘上来的烟雾一熏，瞌眬醒了，睁开眼睛往下一看，发现点燃火堆的那个地方土地龟裂，鱼塘干枯，百姓正在受难。老龙动了恻隐之心，于是蒋村这里顿时下起一场大雨，"哗哗哗"地足足下了一个时辰。雨下了，田里的禾苗救活了，鱼塘里的鱼又活蹦乱跳了。

可是玉皇大帝得知老龙私自降雨后，认为这违反了天条，不可饶恕。可怜的老龙被斩成两段，龙头从天上落下，掉在蒋村的深潭口，而龙尾在天上飘了七天七夜，然后落在蒋村东面的何母港。

蒋村的百姓闻知降雨老龙被斩后，觉得这老龙是为了他们而遇难的，一定要感念这条为民而身裂的老龙。

这天，蒋村的人又聚集在蒋家祠堂，商议如何感念老龙之事，那是众说纷纭，莫衷一是。最后，大家还是请族长来拿定主意。

族长捋了捋长长的胡须，慢悠悠地开口说："我们蒋村家家都有木船，今年端午节时，就把木船装饰成龙舟，并且用轮值的方法轮流参加，在端午节午时到深潭口聚集一起划龙舟，以纪念这条老龙。"

族长又捋了捋胡须，接着说："端午过后七天，五月十三这日，在何母港以小端午形式再举行划龙舟，这样让老龙的龙头与龙尾相连。众乡邻觉得如何呀？"

众乡亲听后，一致称赞族长的这个主意好。如此一来，蒋村人家有的请木匠雕刻龙头，有的采购锣鼓，有的制作旗幡，忙得不亦乐乎。

转眼到了这年的端午节。这天一大早，村里划龙舟的轮值头家蒋大伯，划着船从街市上买来了鱼、猪头、糕点和瓜果等，现在他正在家里摆弄这些东西呢。

五十开外的蒋大伯，个子不算高，可身板非常硬朗，是村里出了名的划船能手。按照村里的规矩，他是这年村里参加龙舟胜会的轮值头家，在龙舟下水之前，由他牵头举行祭龙王仪式。

到了辰时三刻，蒋大伯在堂屋正中摆好供桌，将买来的一条鲤鱼、一个猪头和糕点、瓜果及锡箔、元宝等祭品供于桌上，再摆上六个酒盅，逐个斟满酒，然后点上香烛。

布置停当后，蒋大伯走到屋外，在地上摆好八个大炮仗和一挂鞭炮，然后依次点燃。顷刻间，噼里啪啦的鞭炮声响彻云霄。

这炮仗一响，如同发出号令一般，村上参加划龙舟的男人连忙来到蒋大伯家，在龙舟头蒋大伯的率领下，由锣鼓开道，从蒋大伯家的里屋恭恭敬敬地请出龙王（即龙舟的龙头），摆于供桌的最上方。然后在锣鼓声中，在烟气缭绕之中，所有在场的人一一向龙王跪拜叩头行大礼。

蒋大伯在跪拜时，还轻声念道："请老龙保佑天下风调雨顺，护佑我村龙舟一路平安。"说着，蒋大伯将一个染成红色的丝绵兜套在龙头的两只角上，那威武的龙头平添了几分喜气。

接着，蒋大伯双手捧起供于桌上的龙头，在锣鼓声中走到村边的河埠头。蒋大伯先将龙头安装在一条小木船最前面的挡水板上，再在船中舱插一面蜈蚣旗。然后，二十六名龙舟划手身穿写有"蒋村龙舟队"字样的无袖衣衫，手拿划桨，登上龙舟。

蒋大伯站在龙舟最后面的船板上，称"艄公"，手拿一把特别长的划桨，就像一名武士。这时，他用脚在船板上用力蹬了两下，划手们立即开始划水。龙舟在小河里划了两圈，这叫龙舟试水，用当下的话说，就是热身。

这里龙舟热身一结束，那边蒋大妈已经备好了三桌端午节特别菜肴：黄鳝、黄鱼、黄瓜、雄黄酒、咸鸭蛋"五黄"和白切肉、生豆腐等。龙舟划手们一起在蒋大伯家吃端午龙舟饭。

蒋大妈还拿出一把自己做的香囊，挂在每个龙舟划手的脖子上。他们吃着端午"五黄"，挂着这蒿香扑鼻的香囊，这浓浓的端午气息弥漫在人们的心里。

龙舟饭吃好以后，龙舟划手们便登上龙舟，准备向深潭口出发。

再说这个时候，蒋村深潭口四周已经是里三层外三层地站满了前来观看龙舟胜会的人，还有的干脆卷起裤腿站在河岸边的水中，个个仰着脖子，盼望龙舟在漾面上出现。

午时三刻一到，突然间锣鼓齐鸣，号声连天，只见深潭口东、西、北三条汊河中霎时跃出上百条龙舟，奋力向深潭口漾面划来。远远望去，每条龙舟前都激起一片片水浪，恰似一条条蛟龙出海。

"来啦！来啦！"观看的人群一齐惊呼。这时，蒋村、五常等地各村的各式龙舟汇聚在深潭口漾面，锣鼓喧天，呼声雷动。正所谓"棹影斡波飞万剑，鼓声劈浪鸣千雷"。

"你看，你看，那条龙舟好华丽呀，真好看。"一名观众指着一条慢慢划来的满天幛龙舟对身旁的人说。

只见这条龙舟船身通体彩绘龙鳞，船上建有牌楼，牌楼上彩绘三国、水浒故事，船上两侧及中间插有装饰用的大凉伞三把，小凉伞十把，小三角旗二十八面，飞虎旗十面，大帅旗一面，小帅旗十面。船头龙王后有木雕太子像一座，其上有大伞旗一面，船尾插有龙纹大旗两面、大百脚（即蜈蚣）旗一面。因龙舟周身均有装饰，故称"满天幛"。

"满天幛龙舟是所有龙舟中的老大，也叫万岁龙舟。"站在这名观众旁边的一个大伯说，"你看，那条是半天幛龙舟，是龙舟中的老二，也叫九千岁龙舟。"

这半天幛龙舟，船身无彩绘，船头龙王后没有木雕太子像，船尾也没有大百脚旗，其他装饰与满天幛龙舟相差无几。

蒋村端午龙舟胜会（摄于二十世纪七十年代）

就在这时，每条来深潭口的龙舟先在深潭口漾的四周划上一圈，这叫"胜漾"。

"胜漾"以后，激动人心的场面开始了。几十条只有在船头装有龙头的"赤膊龙舟"挤在一起，你拥我挤，各显身手。

蒋大伯村的龙舟也在其中，只见划手们在鼓声的指挥下，半个身子扑出船外，双手握桨，使劲地把水劈向身后；站在船后的艄公蒋大伯一蹲一起，龙舟头一下上浮，一下下沉，压出漂亮的水花，水从龙嘴中喷出，犹如真龙再现。

"哎呀，不好，有人落水了！"观众中有人大声喊道。

"你别急，这些划龙舟的人都是水鸭子。"还是那个大伯说，"你看，龙舟在深潭口漾中间要原地三百六十度旋转，这叫'载泥坝'。这是蒋村划龙舟中的一个高难度动作，艄公稍有不慎就会落水，也极易和其他的龙舟相撞。"

正说着，一条龙舟在两船相撞后翻了船，船上的人全都落了水，引得河两岸的观赏者发出一片惊叫声。观赏者中有为自己村的龙舟叫好的，有为漂亮的满天幛龙舟喝彩的，也有为被碰翻的龙舟而尖叫的，水上、岸上融合在一起，欢声笑语铺满水面……

直到未时左右，龙舟才渐渐散去，各自回村，深潭口漾又慢慢恢复了宁静。

蒋大伯村的龙舟回村后，早就等在河埠头的蒋大妈和村里的许多妇女手拿木桶，从龙舟里舀龙舟水，拿回家去擦洗门槛。

有人问蒋大妈为什么要用龙舟水擦洗门槛，蒋大妈笑着说："龙舟水吉利呀，能避邪，能保佑家族人丁兴旺。"

再说蒋大伯村的龙舟回到村里后，在锣鼓声中，请龙王上岸，即龙舟上的龙头由蒋大伯捧回家。

龙头到了家里，再供奉一番，龙舟划手一齐向龙头叩拜，这叫"谢龙王"。

谢完龙王，下一任龙舟头在锣鼓声中把龙王请回家，连同锣鼓一起予以保存。划龙舟用的旗伞入箱，桨船入仓，待来年端午日再划龙舟。

话说到了清代乾隆年间，有一年的端午节，乾隆皇帝下江南正好到了杭州，他听说西溪在端午节这天有划龙舟盛事，便轻装简从来到西溪的蒋村深潭口。这划龙舟的热闹场面也让这位皇帝为之倾倒，欣然间脱口而出："真乃龙舟胜会也！"

从此，蒋村、五常的端午节划龙舟就被称为"龙舟胜会"。

小链接：

端午节"五常龙舟胜会"于2008年被列入第二批国家级非物质文化遗产代表性项目名录扩展项目名录；"蒋村龙舟胜会"于2011年被列入第三批国家级非物质文化遗产代表性项目名录扩展项目名录。2008年，杭州市西湖区蒋村街道被文化部（现文化和旅游部）命名为"中国民间文化艺术（龙舟）之乡"。

七夕，坎山祭星为乞巧

北宋熙宁年间，钱塘江南岸萧山的东北方，因北海塘的修筑，这里成了一片宜居的土地，人口慢慢聚集。随之，卖小菜的，卖百货的，卖生产工具的，等等，也开始在这里出现，叫卖声不绝于耳，便逐渐形成了一条呈东西向约一千米长的街市。

因离这街市不远处有一座龛山，故有人称此街为龛山街，而当地人俗称"横街"。

南宋定都临安（今杭州）后，人民生活安宁了，农耕生产得到发展，横街也愈加兴旺，逛横街几乎成了当地民众的一种生活方式。

到了明嘉靖年间，在横街附近的丁村开埠通商，从此，航运业与渔业更加发达，一些外国商船也常在此停靠，因此龛山街市便愈加热闹了。

后来，因"龛"与"坎"谐音，因而当地将龛山街称为坎山街，附近一带也叫作坎山镇。

日月如梭，转眼到了清康熙五十九年（1720），钱塘江主流改道，由赭山以北入海，坎山北端大量泥沙淤积后形成陆地，当地人称为"南沙"，乡民逐渐开始在这片处女地上垦种，种桑养蚕，植棉种麻。

这不，清代陶潛宣作有《颂蚕桑赞歌》："浙东大利辟南沙，龛赭纵横十万家。篱下桑田齐一碧，夕阳满耳响缫车。"这就是坎山人在南沙种桑、养蚕、缫丝的真实写照。

从这以后，坎山一带的妇女就开始从事养蚕、纺纱、缫丝、织布、绣花等家务农活。她们织的布、缫的蚕丝，就拿到横街上去卖。

在这样的社会分工下，坎山的女孩觉得没有文化不影响其成家，而没有一双灵巧的双手，就没有经济来源，况且当地人还以织布和绣花来衡量妇女是否心灵手巧。

因而，坎山的女孩和少妇，每到农历七月初七的夜晚，就要祈求织女显灵，赐予她们一双巧手。

民国八年（1919）的春上，坎山突然来了四个外国人，一身传教士打扮。这四名外国人还来到村子里四处打听会绣花的女子。

一天，正当坎山的乡民对这四名突然出现的外国人感到疑惑不解时，一个操着浓浓上海口音的商人对乡民说："乡亲们好，阿拉是上海人，敝姓徐，在上海做纺织品生意。"接着，他指着四个外国人说："这四位是从意大利过来的天主教徒，他们想在侬这块地方传授挑花边技术，想学习挑花边的人可以报名参加。"

坎山的妇女听了这名徐姓商人的话，七嘴八舌地议论了一番，可心里还是七上八下，拿不定主意。

这名徐姓商人看到这群女人一脸的疑惑，便立即说："大家不用担心挑出来的花边呒（吴方言。没有）处去卖，只要产品合格，阿拉一概收购。"

这时，六十来岁的张大妈对身边的姐妹们说："我们坎山女人家，人人都会织布绣花，可就是技术不精，现在有人来教，这不是个好机会吗？多一门手艺，就多一条活路哇。"

经张大妈这么一说，众姐妹都纷纷点头，便一起报名参加学习挑花边技术。从此，挑花边在坎山镇很快得到了发展，从七八岁的小姑娘到六七十岁的老太太，都学会了挑花边。

这挑花边全凭心灵手巧。因此，坎山镇的妇女在七夕节祭拜织女星，向织女星乞巧的风气更盛了。

转眼就到了这年的农历七月初七。这天一大早，张大妈拎着一只篮子，带着孙女去村边采摘木槿叶子，采了满满的一篮。拿回家后，张大妈用手将木槿叶搓出青汁，掺入热水中，给孙女洗头发。

张大妈的孙女问："奶奶，为什么要用这树叶子洗头哇？"

张大妈对孙女说："这是老辈传下来的，用木槿叶洗头，可以让头发常年松软，据说还能使晚上乞巧时更灵验。"

这天中午时分，张大妈的媳妇和孙女从河里舀了一瓢水，再掺入一瓢天落水（即用甏积下的雨水），盛于碗中，这水被称为"鸳鸯水"。然后把这碗"鸳鸯水"放在阳光之下，看到水面生膜以后，张大妈让孙女把一根绣花针轻轻地投入碗中，使针浮在水面上，这样碗底就出现了针的影子。

张大妈走近一看，这针影像是一把剪刀的形状，连忙高兴地对孙女说："囡囡①，你看，这影子像把剪刀，你乞到巧了。"这让媳妇和孙女都欣喜万分。

到了这天的夜晚，因是盛夏之夜，天上繁星闪耀，一条白茫茫的银河横贯南北。银河的东西两岸，各有一颗闪亮的星星，隔河相望，遥遥相对，那就是牵牛星和织女星。

这时，坎山每家每户都在门前摆放一张八仙桌，桌上摆有象征"藕断丝连"含义的莲藕、多籽的石榴、甜蜜的方柿、两头尖尖的菱角，以及用面粉炸制的油巧果等。还有三个酒盅以及香炉、酒壶、香和一碗清水。

张大妈还在八仙桌旁竖一根竹竿，竹竿顶上挂一块精致的小花边。

"奶奶，您竖一根竹竿是做什么呀？"张大妈八岁的孙女好奇地问。

"囡囡，这竹竿叫巧竿，织女娘娘会把巧传给巧竿，这样你挑花边就会心灵手巧了呀。"张大妈对她孙女说道。

说着，张大妈教孙女点燃供在八仙桌上的一对红蜡烛，再燃上三炷香，对着苍穹三鞠躬后插入香炉，以祭织女星。

① 囡囡，即对小孩的爱称。

〔明〕仇英《乞巧图》

　　然后张大妈领着孙女，向织女星叩拜，嘴里还轻轻念道："祈求织女娘娘多多赐巧给我孙女，让她心灵手巧，长大后读书成才，还能挑出好的花边。"

　　接着，张大妈媳妇和孙女向织女星敬酒。张大妈孙女恭敬地端起酒壶，小心地将酒斟进三个酒盅，其中两杯是牛郎织女相会时吃的交杯酒，随后她将另一杯酒慢慢地举起，然后拿酒蹲地，在奶奶的引导下，她先将酒洒成等距离的三点，再把剩下的半杯绕着三点全洒出去，洒成一个"心"字。

　　此时，天上人间，星和心相印，人们共同祈求美好生活天长地久！

　　敬酒仪式结束后，张大妈从家里拿出一个针线盒，递给孙女一根针和一缕线。

　　"奶奶，给我针和线做什么呀？"孙女问。

张大妈笑嘻嘻地对孙女说："囡囡，现在让你穿针引线，看你是不是很快就能把这线穿进针眼里，这就是赛巧。"

"一、二、三，开始！"张大妈将口令一喊出，她孙女用左手把针举到眼前，右手将线头在嘴里抿了一下，很快就把线穿进了针眼。

"好！"张大妈高兴地喊了起来，"囡囡，你已经得到织女娘娘的巧了，将来一定是个聪明的孩子。"

"奶奶，我这是向您学的呀。你平时穿针引线不就是这样做的嘛。"小孙女重复了一遍刚才的动作。

赛巧结束后，张大妈用萧山话领着孙女一起唱七夕歌谣：

七月七，牛郎哥哥、织女姐姐快快来！

伢给你送肉，教伢学做活。
伢给你送物，教伢扎鞋帮。
伢给你送菜，教伢学剪裁。
伢给你送水，教伢挑花边。
伢给你送瓜，教伢纺棉花。
伢给你送醋，教伢学织布。
伢给你送酒，教伢学梳头。

快乐的歌谣声如同一泓潺潺的溪流，在孩子纯真的心灵中流淌着；如同一阵和煦的春风，在天地间吹拂着……

小链接：

"坎山七夕祭星乞巧"节俗相传始于汉代，南宋《嘉泰会稽志》载："七夕立长竹竿于中庭，上设莲花，谓之巧竿。以酒果饼饵祭牛、女，盖乞巧也。"这一民俗与萧山花边生产紧密结合，故有独特的文化内涵，表现萧山妇女那质朴的情感和追求心灵手巧的美好愿景。

"坎山七夕祭星乞巧"于2009年被列入第三批浙江省非物质文化遗产代表性项目名录。如今，当地政府和文化部门很重视对祭星乞巧民俗事象的挖掘和保护，让其在萧山花边生产工艺复兴中传承弘扬。

腊八，灵隐寺里施粥忙

明崇祯十三年（1640）的冬季，连日的西北风给杭州送来了既寒冷又干燥的空气，街上的行人也少了许多。

一天深夜，北高峰下的灵隐寺中，方丈室里还亮着灯，方丈豁堂正岩正边取暖边研读经文。突然，他听到外面有人大喊："不好啦，起火啦，快来救火呀！"

豁堂正岩推开室门一看，只见大雄宝殿的东面已经火光冲天。他来不及换衣服，赶紧冲向着火的地方，与闻声赶来的寺僧一起奋力扑救。

然而，由于天气干燥，加上风助火势，灵隐寺还是损失巨大。除大殿、直指堂等殿幸免于难外，其余悉付祝融之口。

这是灵隐寺继隆庆三年（1569）被毁于雷火重修约七十年后，又一次遭遇灾祸。

灵隐寺遭遇火灾之后的一天，寒风凛冽，这风中带着浓浓的木头烧焦了的味道。方丈室内，豁堂正岩手里捧着《金刚经》，可心里却焦急万分，只因他想着寺院如何重修之事，如何化灾难为吉祥。

他在方丈室内连走三圈后，将手中的《金刚经》往案桌上轻轻一放，自言自语地说道："大殿犹在，佛陀犹在，佛脉犹在，借佛陀智慧之光，定会战胜灾难，灵隐寺复兴，指日可待。"

接着，豁堂正岩叫来了监院，吩咐他说："再过半个多月就是腊月初八了，是佛陀成道之日，我寺仍按历来惯例照常举行法事，由你负责做好筹备工作。我等于明天出寺托钵化缘，祈求各方援助，让我灵隐早日再兴。"

次日一早，纷纷扬扬的雪花在风中漫天轻舞，好似一只只白色的蝴蝶在天地间翩跹着。

方丈豁堂正岩身披袈裟，与随行的三名僧人一起，冒着飞舞的雪花，托钵走出灵隐寺山门。

豁堂正岩站在山门口，面对传说是从古印度飞来的那块大石头，仰起头迎接这飞来的雪花，心中暗自思索：这天赐的礼物，正预示着灵隐寺一定会得到佛祖的庇佑，日后定会更加兴旺。他便欣然向前走去。

先不说方丈如何一路托钵化缘，且说转眼已到腊月初八。只见灵隐寺大雄宝殿前面的广场上缀满了一条条红色的飘带，红艳艳一片，迎风飘动，这让火灾后的灵隐寺平添了几分喜气与活力。

这天，从各地闻讯赶来的信徒们，已经早早地等候在大雄宝殿前的广场上了，把广场挤得是满满的。杭州虽属江南，但毕竟是寒冬腊月，天气属实有点冷，可是人人心怀对佛祖的敬意，心头也还是热乎乎的。

到了巳时时分，祈福法会开始了。只见一队僧侣手持法器，从大雄宝殿两侧鱼贯进入殿内，在释迦牟尼佛像前分列两排。然后，众居士和信徒踊跃加入队伍，两排队伍从大雄宝殿内一直向外延伸，足有五百多米长。

就在这时，一名僧人站在大雄宝殿大门外的台阶上高声唱道："灵隐禅寺庚辰腊八祈福法会就此开启——"

话音一落，"笃笃笃"的木鱼声先起，然后鼓声、钵声浑然一体。在鼓乐声中，僧人轻轻诵经。

诵经毕，那名僧人又唱道："上香礼佛——"

说着，三名法师缓步走到佛祖释迦牟尼塑像前，双手合十向佛祖施礼后，拈香高举，然后将香轻轻插入香炉。

如此之后，僧人再高唱："千僧传供，供佛祈福——"

在僧人的高唱声中，只见从两排队伍的最后开始，逐一将灵隐寺自己烧制的腊八粥以及水果等供品，经队伍中上千双手，由外向里，传递至大雄宝殿释迦牟尼佛像前的供台上。

这场面，气氛庄重、肃穆。当礼佛供品在一双双手中传递时，人们似乎从中体悟到了得与舍的关系，将得到的转手送予别人，也许心里得到的远比舍去的多得多！

千僧传供结束后，那名僧人再次高唱："法会第三项仪式——恭请方丈讲经。请各位移步讲经会场——"

说着，六名僧人和信众前往方丈室，恭敬地向方丈行礼，以表听经闻法之心。

昨天刚化缘回来的豁堂正岩，脸上还留着一路经风披霜的痕迹。见到僧人请他讲经，便欣然颔首应允，随众来到讲经会场，登台讲经。

豁堂正岩操着稍有嘶哑的嗓音，向众信徒阐述佛祖历千辛万苦，一心为解民众苦难之宏愿。最后，他诚劝众生守正向善，共献爱心，为复兴灵隐寺而携手共进。

方丈讲经结束，那名僧人又高声唱道："福佑天地，施粥民众，共沾法喜——"灵隐寺腊八节施粥于民开始了。

在大雄宝殿东面的一个广场上，只见一长溜的案桌沿广场两侧摆开，案桌上是一桶桶热气腾腾的腊八粥，每个粥摊前已经排起了长长的队伍。

这稠稠的、香甜的腊八粥，是掌勺法师以独特配方，用了花生、红豆、莲子、桂圆、红枣、蜜枣、芸豆、白果、桂花，再加上糯米、大米和白砂糖熬制而成的。熬制这腊八粥可颇费心思，就连食材下锅的先后顺序都有讲究，得一样一样往里放，开锅后不间断地搅拌，防止粘锅。如此熬制两个半小时方成。

这时，各个施粥摊上，寺僧们将一碗碗通宵熬制的香香糯糯的腊八粥分发给每一名前来祈福的民众，也将一份爱心在他们手中传送。

一轮太阳从云层中露了出来，将温暖的阳光洒向大地。豁堂正岩也来到施粥摊，频频双手合十向民众施礼，口中念道："愿世界永久和平，愿众生永具安乐。"

这场面是那样的温馨、祥和、热闹、喜乐，正所谓"佛音袅袅，豆香缠缠；喜鹊催夜，铜锅当风"。这场景成为腊八节时灵隐寺的一道亮丽、独特、壮观的风景线。

在一片感恩声中,人们似乎体味到了多多给予、乐善好施就像冬天里的阳光,是那样美好,那样温暖……

小链接:

"灵隐腊八节习俗"于2016年被列入第五批浙江省非物质文化遗产代表性项目名录;2021年浙江省申报的"腊八节习俗"被列入第五批国家级非物质文化遗产代表性项目名录,保护单位为杭州灵隐寺。如今,灵隐寺每年将三十多万份腊八粥由僧人和义工一起施送到养老院、福利院和居民社区。一碗腊八粥,温暖一座城。

参考文献

翁迪明编著:《河上龙灯胜会》(浙江省非物质文化遗产代表作丛书),浙江摄影出版社,2019年。

萧山区人民政府地方志办公室编著:《明清萧山县志》,上海远东出版社,2012年。

第四章 传统庙会——暖风熏得游人醉

庙会是古老而广为流传的传统民俗文化活动，也是传统集市贸易形式之一，蕴含着民间信仰和岁时习俗。

庙会，顾名思义，因"庙"而有"会"。杭州，素有"东南佛国"之称，从苏轼的"三百六十寺，幽寻遂穷年"，可见宋时杭州寺庙之众，香火常相续，人来礼拜多，庙会也因此而兴，因此而多。

其实，远在良渚文化时期，那高筑在瑶山山顶的祭坛，不时地燃起熊熊大火，良渚先民手持玉琮、玉璧祭天礼地，狂舞呐喊，与天地神灵遥相呼应。这也许就是杭州庙会的滥觞吧。

杭州林林总总的庙会，大多有其明确的祭祀对象和俗神崇拜，或铁面无私之吏，或宁死不屈之将，或为民造福之臣，或舍身救人之士，等等，无不寄托着后人对先贤的崇敬和感恩之情，传递着浓浓的正能量。

庙会活动既是当地各种民间艺术赖以产生和传承的摇篮，也是一地货物汇聚流通的大平台。那形形色色、多姿多彩的民间艺术，既娱神，又娱人，成为人们追求美好生活的狂欢节；那琳琅满目、特色浓郁的山货土产，既时鲜，又实惠，成为人们喜闻乐见的购物节。

田汝成邂逅吴山庙会

明嘉靖二十年（1541）的一天早晨，天还没大亮，在广西承宣布政使司任右参议的田汝成[①]就赶紧起床了。他吃过早餐，穿上朝服，急匆匆地去上班了。

也许有人会问，这田汝成也算是从四品的官了，又在省一级最高行政机构上班，不应该"朝九晚五"吗？干吗要这么早、这么急呀？

明朝那会儿，官员们上班不仅早，而且工作时间还特别长。当时，在官员中流传着一句口头语："起得比鸡早，睡得比狗晚。"从这句口头语中，就晓得田汝成为什么要这么早、这么急了。

再说田汝成刚到办公桌前坐下，就有公差给他送来一封信件。田汝成急忙打开一看，原来是一道调令，调他去福建担任提学副使。

田汝成看着这份调令，心里想：虽然这是平调，但福建与广西相比，离家乡浙江钱塘县就近得多了。因此，他立马打点行李，一路颠簸，走马上任了。

[①] 田汝成（1503—1557），字叔禾，别号豫阳，明钱塘（今杭州）人。明嘉靖五年（1526）进士，历官南京刑部主事、礼部祠祭郎中、广东金事、滁州知州、贵州金事、广西布政使司右参议、福建提学副使。卸官后归寓杭州，游览湖山胜迹，遍访浙西名胜，所著《西湖游览志》，纪西湖湖山之胜，《四库全书总目提要》评其"因名胜而附以事迹，鸿纤巨细，一一兼该，非惟可广见闻，并可以考文献"。

然而，他刚到福建上任没多久，便向福建布政使提交了一份要求告病回乡的申请报告，并恳求批准。

田汝成在这份申请报告中说他多病缠身，无法再继续工作，要求回老家休养，直至终老。

这天，福建布政使拿着田汝成呈上来的申请报告，他看着看着，觉得田汝成二十几岁入仕途后，工作调动频繁，四处奔波，积劳成病，实属自然，便立即批准了田汝成的请求。自此，田汝成便从福建回到了故乡浙江钱塘。

其实，田汝成辞官那年才四十出头，正年富力强，虽然调动频繁，身心疲倦，但并没有什么大病。主要是他厌倦了这官场生活，加上他生性好游，特别是对家乡的西湖山水名胜更是情有独钟，曾几次梦回故乡，悠然地徜徉在湖光山色之中。

田汝成回到钱塘后，他想游览西湖山水胜迹的愿望，终于可以实现了。于是，他稍事休整后，便迈开双脚，走近山水，亲近自然，游览湖山胜迹，探访两浙名胜，广收历代题咏。嘿，你看他也是忙得不亦乐乎哇。

田汝成边赏玩山水，边在心里想：海内名山，率皆有志，而西湖独无。因此，他打算通过游览，撰写一部有关西湖名胜的志书。

这年大年初五的清晨，天有点冷，田汝成裹着件黑色大棉袄，双手插在袖管里，一路行走，来到吴山脚下。

他站在吴山上，放眼江、山、湖、城之胜时，忽然想起萨都剌（字天锡，元代著名诗人、画家）在钱塘驿楼上望吴山的诗："仙居时复与僧邻，帘幕人家紫翠分。后岭楼台前岭接，上方钟鼓下方闻。市声到海迷红雾，花气涨天成彩云。一代繁华如昨日，御阶灯火月纷纷。"

正当田汝成沉浸在这首诗的意境中时，从边上的城隍庙里传来了阵阵梵鼓声，他回过神来，便循声快步走去。

这吴山上的城隍庙里供奉的城隍老爷是曾任浙江按察使的周新。他生前铁面无私，死后还担当起佑护一城百姓安宁的重任。

当田汝成走到城隍庙大门前时，只见大殿里已经是人头攒动，烟气袅袅。众香客个个身穿崭新的衣裳，手持棒香，像公鸡啄米似的向城隍老爷连连叩拜，嘴里还轻声祈祷着什么。田汝成听这些人的口音，大多是钱塘、仁和、余杭的本地人。

田汝成在这一片新年祈福声中跨过高高的庙门槛，进入大殿，抬头仰望端坐着的周新金身塑像，心中浮现出周新在永乐年间任浙江按察使时，刚正不阿、惩治贪官、为民请命、为人正直敢言的历历画面，不由得脱口而言："铁面无私者，为人正直者，体恤民情者，当受民众敬仰也！"

田汝成这一声感叹不要紧，却引起了站在他身旁一名僧人的注意，这僧人觉得田汝成非同一般，便双手合十，上前对田汝成施礼后说："施主所言极是，这位城隍周新正是由于深得民心，受人敬爱，故每年的正月初一至十八，每天都有大批的杭州信众前来奉祀，在辞旧迎新之际，向城隍老爷祈福。"

这名僧人还告诉田汝成："吴山上除了城隍庙，还有纪念春秋时期吴国大夫伍子胥的忠清庙（即伍公庙）,纪念南宋行刺奸臣秦桧的施全的庙,以及仓颉祠、药王庙、太岁庙、文昌庙等等,所以庙会活动四季都有。"

僧人接着说:"喏,到了二、三月份,湖州、嘉兴、苏州等地来的香客,到灵隐、天竺烧好香后,最后必到吴山进香。五、六月份,农忙了,外地香客少了,但城里各行各业的老板会让店里的伙计上吴山赶庙会,所以有'五郎八保上吴山'之说。此外,到了九月二十日,要致祭伍子胥,那也是很热闹的,届时您不妨前来轧轧热闹吧。"

正说着时,从城隍庙的东面传来闷闷的敲锣声。田汝成好奇地问僧人:"师父,这敲锣是在做什么呀?"

僧人对他说:"今天是大年初五,是财神爷的生日,杭州民间这天要迎财神,祈求风调雨顺、国泰民安、财源广进。那敲锣就代表财神爷在巡游赐福。"

田汝成听后,赶紧往锣声传来的方向走去,没走几步,就听见有人在喊:"财神爷来了!"

这时,田汝成看到,走在前面的一人身穿大红斜襟衫,手提一面大铜锣,正一下一下敲打着,还不时高声喊着:"新年财神降福喽!"敲锣人后面,有两人分别举着写有"风调"和"雨顺"的牌子,接着就是穿一身红色棉袍的"财神爷"。

只见这位"财神爷"左手持着一个巨大的金元宝,携"福禄寿喜"四位"神仙",一边走,一边向道路两旁的百姓作揖拜年。

第四章 传统庙会——暖风熏得游人醉

《湖山胜概》中的庙会场景

在他们身后,是舞龙舞狮的、打腰鼓的、喊号子的……浩浩荡荡一路走来,铜锣声、欢呼声在吴山上久久回荡。

生性喜欢轧闹猛的田汝成,被这热闹的场面深深地吸引住了。那天回到家后,他脑子里还是在浮现着白天那热闹的场景。突然间,他记起了吴山上城隍庙的僧人对他说的话:"三月、九月还有庙会。"

田汝成好不容易熬到了三月初六。这天,春光明媚,草长莺飞,微风吹过,西湖的湖面上泛起层层涟漪。

田汝成无心观赏这秀丽的西湖春色,一心要去吴山赶庙会。他迈着大步,急匆匆来到了吴山脚下。

可是,他来到这里一看,上山的路上挤满了去往庙里进香的香客,有的妇女头上包着一条白毛巾,有的肩上背着一个土黄色的烧香袋,有的手里拎着一串各种形状的西湖小花篮……

原本不宽的路,加上两旁还摆设着算命、看相、测字的小摊,还有店家、小贩设摊卖物的,上山的人流只能缓缓而行了。

俗话说,急性子吃不来热豆腐。田汝成心里虽然急于上山,但也只能在人群中挤挤轧轧,慢慢地"流"上山去。

到了山上,田汝成看见绿色的树林中弥漫着浓浓的烟雾,恰似一条条乳白色的飘带,轻轻地萦绕在绿林中,给吴山增添了一抹神秘色彩。

城隍庙、药王庙、太岁庙、文昌庙等庙宇前香火不绝,梵呗声、祈祷声此起彼伏。

田汝成望着这漫山攒动的人头，以及人人脸上展现出的因似乎得到了什么而显得十分安详的容颜，仿佛感觉到人们祈盼蚕稻丰收、生活安宁、家庭幸福的强烈愿望。由此，田汝成不由得频频点头。

转眼到了农历九月二十，这天是祭祀吴国大夫伍子胥的日子。

这天清晨，田汝成牢记上次教训，早早便来到吴山上的忠清庙。望着庙门正中挂着的北宋大中祥符年间真宗皇帝御赐的"忠清"牌匾，脑海中浮现出唐卢元辅所作的《胥山祠铭》，对这位因直谏吴王夫差而被赐予属镂而死的忠清之士，不由得心生敬意。

田汝成陷入回想伍子胥生平的沉思中，就连前来参祭的人流从他身旁拥入忠清庙大殿也"木而搁置"①。直到巳时三刻，忠清庙里敲响大铜钟时，他才从沉思中回过神来。

"吉时已到，伍子胥祭祀大典开始！"嘹亮的声音从大殿里传来。田汝成赶紧从人群中拨开一条缝，使劲地挤进了大殿。

这时，主祭人高声唱道："击鼓，起香——""嘭嘭嘭"的击鼓声从庙里传向远方，三名长老手持高香向伍公叩拜后，将香插入大香炉。

主祭人又唱："向伍公献供、敬酒——"话音刚落，八名青年将盛有猪头、公鸡、鲜鱼、蔬菜、水果等的大红托盘依次供奉在伍子胥神像前的供桌上。然后由一老者端起酒壶，往供桌上的八个酒盅里斟满黄酒。

①木而搁置：杭州方言，即不知不觉的意思。

敬酒毕，田汝成看见一名身穿紫红色绸袍的乡贤走上祭台，他将了捋山羊胡须，便开始朗读祭文："时届仲秋，贞魂以降。奉香顶礼，祭我伍相。忠魂何在？哀思何长……"轻轻的鼓乐声和着庄严的朗读声，令在场的田汝成感到气氛十分庄重，便抬头再次仰望伍子胥的塑像。

祭文诵读完毕，主祭人再次唱道："众乡邻集体参拜——"此时，击鼓三通，众人向伍公行三拜礼。

这时，站在伍子胥塑像前的田汝成，仿佛看见滔滔钱塘江水中，伍子胥正驾舟而来，便忽然想起徐凝《题伍员庙》中的诗句："浙波只有灵涛在，拜奠青山人不休。"

正当田汝成深深缅怀伍子胥时，主祭人高声唱道："众乡邻向伍公进香——"霎时，忠清庙内外轻烟缭绕，层层叠叠，恰似钱塘江涌起的白色波涛，承载着江神伍子胥一路巡江而去……

祭祀大典结束后，田汝成随着进香的人流慢慢走出忠清庙，想在吴山上转一转。这时，传来丝弦和唱戏的声音。就在忠清庙前的一块空地上，有个戏班子正在演庙台戏。田汝成走近后驻足观看，随着悠扬的唱腔，不由得跟着乐曲节奏摇晃着脑袋，嘴里轻声哼唱着。

突然，沉醉中的田汝成被一阵"当当当"的小锣声惊醒，他走过去一看，原来在忠清庙边上，有卖梨膏糖的，有卖字画的，有变戏法的，有耍杂技的，还有卖花的、斗鸟的，真是五花八门，目不暇接。每个摊儿边都围着一大帮人，有买的，有看的，还有喝彩的……

田汝成走马观花，溜达了一圈后，沿着下山的路，来到吴山脚下的河坊街。只见这街上全是穿着五颜六色衣服的人，熙熙攘攘，摩肩接踵。沿街上的店铺敞门迎客，生意十分红火。

当田汝成走到河坊街东头时，一群小孩儿正围在一起，一边打洋片①，一边唱着歌谣："小伢儿哥哥扎红绳，城隍山上看龙灯，看好龙灯看戏文，看好戏文吃馄饨，吃好馄饨游四门，回去姆妈拷②一顿。"

田汝成陶醉在了这群小伢儿唱的歌谣声中……

小链接：

"吴山庙会"是杭州规模最大、历史最久的传统庙会之一，于2007年被列入第二批浙江省非物质文化遗产代表性项目名录。今天的吴山庙会形式和内容有所变化，其意义不仅仅在于为老百姓提供购物、娱乐的场所，更重要的是，庙会丰富的内容和浓郁的市井气息承载着这座城市千百年来的生活细节，让身处现代都市的杭州人还能够在其中找到往昔的市井风貌，慰藉怀旧的心灵。

---

①打洋片是一种儿童游戏，用香烟盒里的洋片在地上摔打。
②姆妈，杭州方言，即母亲；拷，即打。

张岱眼中的西湖香市

明崇祯五年（1632）的二月初，天气乍暖还寒。这天早晨，归居山阴（今浙江绍兴）不久的张岱[①]正在简陋的书房里抚琴，还是那首他最喜欢的琴曲《雁落平沙》。那深沉的乐曲，透露出曲者欲借大雁之远志，直抒其高远之心胸。

张岱一曲弹毕，立起身，透过窗户望着薄云片片的天空，便情不自禁地放声吟诵起宋朱淑真所作《中春书事》中的诗句："乍暖还寒二月天，酿红酝绿斗新鲜。"

这时，突然听到有人在敲门，张岱立即走出书房，打开柴门一看，来者是他多日未见的好友祁彪佳。

张岱连忙拱手相迎："啊，虎子公，是你呀，有失远迎，有失远迎啊。"

张岱接着说："你不是在家为父居丧吗？怎么跑出来了？"

祁彪佳拱手还礼："陶庵兄，你还是让我进了门再说吧。"

[①] 张岱（1597—1689），字宗子，号陶庵、陶庵老人等，晚年号六休居士，浙江山阴（今浙江绍兴）人，祖籍四川绵竹。明清之际史学家、文学家，著作颇丰，曾著有散文《西湖香市》。

张岱笑着拍了拍自己脑袋，连忙说："哦，快快快，进得门来，进得门来。"说着，张岱迎祁彪佳进入书房。

话说这祁彪佳，山阴人氏，字虎子，别号远山堂主人。他比张岱小几岁，可少年早发，聪慧过人，不足十七岁就中了浙江乡试举人。

祁彪佳也算得是一位孝子。前两年在福建兴化府任上接到父亲病逝的讣告，便立即回山阴奔丧。他将父亲安葬后，并结庐于其父墓旁，一边读书，一边奉养母亲，尽他一份孝心。这真是百善孝为先啊！

张岱和祁彪佳两人进入书房落座后，张岱就问祁彪佳："虎子公，今日光临寒舍，有何事相告？"

祁彪佳喝了口茶，说："陶庵兄，我刚才在门外听到你在吟诵'酿红酝绿斗新鲜'，今日我就为这事而来。"

张岱不解地问道："虎子公，你说的'这事'是何事？别卖关子了，快快明说，快快明说。"

祁彪佳朗朗一笑："早春二月，花朝将至，西湖香市即开，陶庵兄是否有雅兴去领略一番？"

张岱一听，原来是去杭城看看早就闻名遐迩的西湖香市，便欣然答道："虎子公提议甚好，甚好哇，我也早有此意，正想探究一番这进香为何称市呢！"

话说二月十四这天的傍晚时分，张、祁二人从山阴来到杭城，在钱塘门外乘船，渡过西湖，来到西湖西侧的茅家埠。这时，他俩见天色已晚，便在茅家埠找了家客栈住下。

第二天，天还未亮，张岱和祁彪佳还在梦乡之中，就被窗外传来的嘈杂声吵醒了。他俩赶紧起床，走出客栈，看到茅家埠头一带挤满了前来进香的"香船"。香客们正从船上走上岸来，成群结队，每队少则二三十人，多则上百人。香客以中老年妇女居多，每支队伍中各有一名老年妇女领头，众香客称她们为"香头"。

张岱拍了拍祁彪佳的肩膀说："虎子公，你看，这香客身上为什么都背着清一色的明黄色袋子呀？"

祁彪佳对张岱说："陶庵兄，你这便是明知故问了，进香者背香袋这不顺理成章嘛。可是你看，女香客的头上都戴着似月季、似玉兰的纸花，那才是有点意思了。"

这时，张岱走到一名老媪身边，轻声问道："老婆婆您好，请问你们是从何地过来的呀？"

这名老年妇女操着浓重的吴语口音对张岱说："我侬是从嘉善来的，喏，走了一夜的水路，就是要到天竺去烧香的。"

"那你们头上戴朵花是何意呀？"张岱又问道。

"这位相公，这花呀，我侬叫蚕花。我侬那里家家户户都养蚕宝宝，别着蚕花来进香，就是让菩萨保佑今年我侬蚕花廿四分的。"

张岱放眼望去，香客们头上别着的彩色蚕花，满满一片，酿红酝绿，恰似盛开在早春里的一朵朵鲜花，又像是一份份戴在身上的祈盼。想到此，他不由得发出感叹："别有一番风情，别有一番风情啊！"

这时，站在边上的祁彪佳拍了拍张岱的肩膀说："陶庵兄，别发感叹了，我的肚子在唱空城计了。"

张岱哈哈一笑："那快快去填饱肚子吧。"说着，两人随着熙熙攘攘的进香人群来到茅家埠小街。这里沿街摆满了粥摊、馄饨摊、豆浆摊等小吃摊，摊主们的吆喝声连续不断，响成一片。

张岱和祁彪佳在茅家埠吃了早点后，沿着那条"上香古道"走了不一会儿就到了天竺山谷。只见山谷两边山岩突兀，谷底溪水淙淙，曲转迂回向前流去。身处这山谷之中，云影天光，泉声松籁，岑寂岛空，香凝钟静，只听得到飞禽的叫声，没有市井的喧嚣，也没有缭乱的杂色，形成了一个超逸尘外的清幽世界。

这时，祁彪佳触景生情，对张岱说："陶庵兄，幽谷绝景，世外桃源，你我各赋诗一首如何？"

张岱笑了笑说："虎子公且慢，今日我们还是直奔主题，待到此行程完毕，我会让你诗兴大发的呀。"

闲聊间，两人不知不觉来到了杭州三天竺之一的下天竺寺。这下天竺寺可算得是一座古刹了，它初建于东晋，初名法镜寺，隋代扩建后改名天竺寺。

张岱和祁彪佳站在寺院的山门外，向寺院后面望去，只见一座与周围群山迥异不同的山峰孤傲地挺立着。此时，张岱忽然想起东晋咸和初年，印度慧理和尚来灵隐卓锡，登武林山时说的话："此乃中天竺国灵鹫山之小岭，不知何年飞来此地耶？"

"天竺之名因此而来。"想到此，张岱和祁彪佳赶紧走进山门，来到大殿前，抬头望见大殿的大门正中上方悬挂着红底金字的匾额，大殿内外已经是人山人海，香烟缭绕，听众香客说话的口音，是南腔北调都有。

这时，张岱看到大殿的走廊里和寺院的大香樟树下，众多香客身边都有一个大红包裹，或拎在手里，或垫在地上当凳子坐着。

张岱便好奇地走到一名坐着的老年女香客的身边，拱手问道："这位老婆婆，您好，您是从何地来这里进香的呀？"

这老婆婆头上包着一条白毛巾，穿一条绑腿裤，见张岱如此文质彬彬的，便心生敬意，连忙站起来，指着拎包的一群人说："这位相公，俺们是从山东过来的，前天去了普陀烧香，昨天傍晚来到这里，晚上就宿在这寺院里，俺们叫作宿山，这包裹里装的就是铺盖和换洗的衣服。"

天竺香市

张岱恍然大悟，连声说："老婆婆，你们的虔诚之心，可嘉，可嘉也！"

张岱和祁彪佳在下天竺寺逗留了一会儿后，由月桂峰迤西入佛国山，游历了深藏于林间山谷的中天竺寺和上天竺寺。两寺相去不足一里，皆极宏丽，景色清幽，梵鼓声声，香客云集，香烟缭绕。

张岱见此情景，对祁彪佳说："天竺三寺，彼此间作，高僧辈出，香客不断，真乃天竺佛国也！"

这天晚上，张、祁两人仍旧宿于茅家埠，并将白天所见所闻一一记下。

第二天早晨，张岱和祁彪佳迎着初春的晨曦，从茅家埠出发，经松木场，去钱塘门外的昭庆寺。

当他俩来到松木场时，看到西溪小河里塞满了大大小小的烧香船，远远望去，看不到头，那是一道多么壮观的风景啊！

祁彪佳打趣地对张岱说："陶庵兄，你不妨数数这小溪里有多少艘香船。"

张岱笑了笑说："虎子公，你别捉弄我了，如此之众，如何数得清，此乃足有数百艘呢！"

正在这时，忽听得身旁有人在喊："两位相公，我侬真的是有缘分了，又在这里碰头了。"

张岱一听声音，就知道是那位从嘉善来的老婆婆了，便转身说道："是呀，是呀，老婆婆你们这是要去哪里？"

151

"我侬要去昭庆寺,听说那里卖物事(即物品)的摊有好多好多的,我侬每年就在蚕事前来杭州烧香拜佛,顺便游游西湖,那总得要带点物事回去给儿孙的咯。"老媪朗声回答道。

"那真的是巧了,我们也要去钱塘门外的昭庆寺,不妨一同前往。"说着,张岱和祁彪佳跟着老婆婆这支长长的进香队伍来到钱塘门。

出钱塘门往西,经石牌楼,过一座小桥,便是面临西湖的昭庆寺了。

当张岱和祁彪佳来到这里时,各路香客已经云集,熙熙攘攘,人声鼎沸。

张岱站在寺前石砌的溜水桥上,望着这座由吴越王始建的"大昭庆律寺",看到那青苔层层的寺庙墙壁,眼前仿佛呈现出这座古刹命运多舛、兴毁不断的历史画面,心中不免产生一种悲怆之感。

正当张岱沉思于昭庆寺的沧桑变迁时,祁彪佳走过来拍拍他的肩膀说:"陶庵兄,别在这里发呆了,我们还是去逛逛寺院两侧的小摊儿吧。"

张岱和祁彪佳走下溜水桥,沿着昭庆寺墙外走廊一路走来。他俩看到昭庆寺殿中甬道的上下,放生池的左右,长廊两侧,有屋的就地摆摊,没屋的就地摆场,场外又有棚,棚外又有摊,连成一片。

这些小摊卖各式各样的物品,有卖胭脂、水粉的,有卖发簪、耳环的,有卖骨牌、木尺、剪刀的,有卖佛经、书画的,有卖香烛、木鱼的,也有卖泥人玩具的,琳琅满目,一应俱全。

张岱和祁彪佳挤进一个出售各朝名画、西湖游览图和佛像图的摊位，见摊位前的香客围得是里三层外三层。这个说："我要买一张西湖游览图。"那个说："快给我一幅佛像图。"这摊主是顾了这头顾不了那头，生意十分红火。

张岱等摊主生意稍空时，便凑上前去与摊主聊天。张岱拱手说道："这位店家，您好，见您生意好闹猛啊。"

摊主笑着对张岱说："是的呀，喏，自从二月十五花朝节以来，昭庆寺这里是最热闹的了，没有一天不开市的。您看，这一长溜上百个摊位，都是趁西湖香市这个轧闹猛的机会来多赚点钱啊。"

张岱又问道："您这买卖生意中，哪些书画卖得最好呢？"

摊主不假思索地说："喏，刚才您也看到了吧，这非常名贵的宋元时期的名贵字画，还比不上西湖游览图和佛像图畅销呢。"

"哦，大概是因为买者都是外地来杭的香客，想趁此游览西湖一番，并请回一尊佛像，情理之中，情理之中。"张岱接着问："您在这设摊做生意要到何时收摊啊？"

"喏，这西湖香市要到端午节才散市，毛估估①还有两个多月，这是我们做生意的大好时机。"摊主满脸兴奋地回答张岱。

张岱连忙拱手说道："好，祝您生意兴隆，生意兴隆！"

①毛估估：杭州方言，粗略计算的意思。

张岱说完后，便与祁彪佳一起离开昭庆寺走廊，来到佛寺南面的西湖边，只见那湖边倒挂的杨柳枝上冒出了一粒粒绿色的芽苞，迎风摇曳着；桃树上的花骨朵儿正在使劲地向外展开，露出了点点粉红色。远处传来清脆悠扬的乐声，湖边成千上万的男男女女、老老少少，在这市摊上挤来挤去，如同一池西湖春水推波涌浪，涛声不绝。

祁彪佳见此情景，便脱口而出："真乃西湖春汛也！"一旁的张岱连连点头，称道："妙哉，妙哉，虎子公一个'汛'字，点活了这西湖香市。"

祁彪佳问张岱："陶庵兄，你探究的西湖进香为何称市，已经有答案了吗？"

张岱连忙说："有了，有了，山东进香普陀者日至，嘉湖进香天竺者日至，凡来杭进香者则与西湖周边的人一起做买卖，处处是香客，处处是交易，无日不市者，真乃香之市也，恐怕长江以南，断然没有第二个像这样的地方了。"

小链接：

西湖香市，起于花朝，尽于端午，历史悠久，规模盛大。"西湖香市"于2009年被列入第三批浙江省非物质文化遗产代表性项目名录。明末清初文学家张岱有一篇散文《西湖香市》，描写了明朝末年西湖香市热闹繁华的场面。改革开放后，西湖香市依旧如故，只是随着农村经济的发展，香客来杭以包车、租船为多，然虔诚之心不改。

大山深处的娘娘传奇

南宋绍兴二十年（1150）农历十月廿四的早晨，一轮太阳刚爬上山头，湛蓝的天空中飘着一朵朵棉花似的白云，西北风微微吹来，带有一丝丝寒意。

然而，在天目山深处的临安太阳村东门头，那东平王庙圣像殿前的广场上，却是一番热气腾腾的景象：广场四周插满了各色三角形旗帜，摆满了出售生产农具、服装布料、土产特产、各式小吃的小摊；广场中央挤满了从四面八方赶来的乡民，穿红着绿，人气兴旺。

一个刚从上八府[①]到太阳村来做箍匠生活的张师傅看到如此大的场面，便好奇地问自己的房东李大伯："李东家，今朝是个什么日子呀？怎么会有这么多人集中在这里？"

房东李大伯告诉张箍匠："今朝是东平娘娘的忌日，我们村每年都要在这天祭祀唐朝大将张巡和东平娘娘的。"

"我听说过唐朝名将张巡的故事，可是他不是你们这里的人啊！"张箍匠说。

[①] 旧时浙江以钱塘江为界分区，以南的宁波府、绍兴府、台州府、温州府、处州府（丽水）、金华府、严州府（建德）、衢州府称上八府，以北的杭州府、嘉兴府、湖州府称下三府。

"是的，他虽然不是我们这里的人，但他忠心报国，与老百姓生死与共，还有他那宁死不屈的精神，令我们太阳村人崇敬，我们老百姓需要这样的忠义之臣，连唐玄宗也封他为'东平靖王'，所以，张巡被害后，我们就在村东头建了一座东平王庙，年年祭祀他。"

李大伯接着说："我还听老辈们说，有一次，张巡领兵打仗路过我们这里时，太阳正好从东面的山上升起，张巡觉得是个好兆头，便把我们这个村叫作太阳村。所以我们村原先祭祀张巡的日子是在他七月廿四生日这一天。"

"那后来怎么会改到今朝这个日子的呀？"张篾匠又好奇地问道。

"是这样的。"李大伯告诉张篾匠，"有一年，隔壁的界头村有名姑娘来东平王庙进香许愿，她一进圣像殿，看见英俊威武的东平王时，身心一惊，许愿时，情不自禁地说出：'我这生能嫁如此郎君，那是最有福气的了。'"

李大伯停顿了一下，接着说："当姑娘许好愿，走出东平王庙时，多年未修的庙顶上突然掉下一块大瓦片，刚好落在这姑娘的头顶心，她当即就被砸死在殿门口了。"

"哦，哪有这么巧的事体？"张篾匠觉得这事情有点蹊跷。

"是的呀。于是，我们村里的人就在东平王神像旁边为她塑了一尊像，取名东平娘娘。因为这一天是农历十月廿四，所以，从那年开始，每年的祭祀就改在十月廿四了，而且庙会会期也从原来的一天延长至三天。"

"啊？要三个日子，时间还挺长的。"张篾匠觉得好奇。

正说着时，东平王庙圣像殿前传来："吉时已到，祭祀仪式开始——"这洪亮的声音在大山深谷中回荡。

主持这祭祀仪式的是太阳村的族长，他着一件紫红色的大棉袍，头戴黑色棉帽，神情严肃地站在圣像殿大门中央，看上去十分威严。

族长接着高声喊道："给两尊圣像上供品——"

族长话音刚落，鼓号声响起，身穿黄色衣衫的八名青年双手捧着分别盛有嘴含猪尾巴的猪头、尾巴上竖有三根鸡毛的公鸡、两条活鲤鱼、豆腐干、千张、蔬菜、糕点和水果的红色托盘，依次从广场正中进入东平王庙，将供品放于两尊神像前的供桌上。

这时，广场上顷刻鸦雀无声，人人翘首望着东平王庙里的神像，只因为这供品中有着他们的一份敬意和一份祈盼。

就在这时，族长一声高喊打破寂静："鸣炮，敬香，点烛——"

霎时，噼里啪啦的鞭炮声轰鸣，这声音在四周的山峦中回响，惊起一群飞鸟。

此时，四位太阳村的老者，一手持高香，一手捧蜡烛，依次进入东平王庙，向东平王叩拜后，将香和蜡烛分别插入神像前的香炉和烛台。

上香毕，族长又高声喊道："众乡邻参拜东平王和东平娘娘,祈求国泰民安、风调雨顺、五谷丰登——"

一时间,广场上的人群像潮水一般涌入东平王庙,每个人带着各自的心愿,纷纷向东平王和东平娘娘参拜祈福。

这时,李大伯对正看得入神的张篾匠说:"张师傅,你在我们太阳村做生活,那就得入乡随俗,跟我一起也去祭拜祭拜吧。"

张篾匠一听,觉得有道理,便跟着房东李大伯进入东平王庙,参拜两尊神像。

张篾匠走出东平王庙时,李大伯告诉他:"今天这叫庙祭,明天还要抬着东平王和东平娘娘的神像出巡,回东平娘娘的娘家去省亲,那场面才更加闹猛。"

张篾匠心想:人已经死了,还要回娘家省亲,这倒新鲜。于是他便对李大伯说:"我宁愿少赚点钞票,也要去看看这种蛮有趣的事体。"

第二天一早,张篾匠就起身来到村东头的东平王庙。哪晓得,送娘娘出巡的乡民已经在庙前的广场上面对东平王庙排好了整齐的队伍。只见彩旗招展,兵器林立。

张篾匠见此情景,不由得摸了摸下巴,自言自语地说道:"嘿嘿,这跟军队要出征去打仗一个样啊。"

这时,还是昨天那位族长,只见他站在东平王庙前的高台上高声喊道:"吉时已到,恭请两尊神像上轿——"

族长话音一落,四支长长的号筒仰天吹响,那低沉洪亮的声音,似闷雷在山谷间炸响。接着,唢呐、锣鼓齐鸣。鼓乐声中,有两组人马分别将东平王神像和东平娘娘神像从庙里抬了出来,请上宽大无帘的座轿。

两尊神像落定后,族长高声喊道:"东平王和东平娘娘出巡仪式开始——"场上观礼人群立即发出"嘿嘿嘿"的呼声,震天动地。

站在一旁观看的张篾匠被这雄壮的气势镇住了,不由得张大了嘴巴。他定神一看,出巡队伍正在缓缓开拔。

队伍首先由一百零八面将军旗、元帅旗在前面开道,旗帜上分别绣着凤、蜈蚣、十二生肖等图案,旗帜四周镶着黄边。军旗猎猎,迎风招展。

大旗后面,跟着七十二名持械卫士,分别举着锡制的矛、戟、锤、耙、叉等兵器,随着"嘿嘿嘿"的口号声,将手中的兵器上下挥动,威风凛凛,气势壮观。

分别由八名壮汉抬着的坐有东平王神像和东平娘娘神像的两座大轿紧随七十二名卫士之后。两座大轿左右各有二十名男女随从,男左女右,人人头戴黑纱巾,脸贴神仙符。女的后脑部纱巾上还扎有用黄布制作的羊角似的小角。

一直跟在李大伯身后的张篾匠看到这里时,拍拍李大伯的肩膀问道:"李东家,那些人的脸上为什么要贴着一张符哇?"

李大伯告诉张篾匠:"这些人叫'躲祸队',代表我们全村的人跟着东平王和东平娘娘,就能躲过一切祸水。""哦,这倒新鲜。"张篾匠感到十分有趣,开了眼界。

正说着,锣鼓声大作,两座大轿后面的龙灯队、花灯队、高跷队、狮子、竹马、火流星等边走边表演,浩浩荡荡,蜿蜒数里。

不多时,巡游队伍来到太阳村。这里道路狭窄,路两边既有观看的乡民,又有茶摊、小吃摊等,巡游队伍只能缓慢前进。到了中午时分,才到达东平娘娘的娘家界头村。

经过界头村中的小路时,道路两旁已经站满了迎接东平娘娘的乡邻。界头村的族长代表全村乡邻向东平王和东平娘娘神像施礼后,全村人纷纷上香叩拜。

这天下午,各种民间艺术在界头村轮番表演,村头的戏台上演的是目连戏。

一路跟来观看的张篾匠又问李大伯:"李东家,这东平娘娘今天还回太阳村吗?"

李大伯对张篾匠说:"今天晚上,两尊神像就宿在界头村了,明天还要去娘娘的外婆家,然后再回东平王庙。"

张篾匠摸了摸下巴,惊奇地说:"哦,还真有点复杂,我活了这一大把年纪,还是头一回见到。"

李大伯接着说:"我们太阳村这一带的人,一直崇尚忠和义,对大忠大义的人非常敬重,有忠有义,国才兴,家才旺。"张篾匠听了连连点头。

再说这天夜里,界头村是一夜无眠,灯火通明,人流不绝;村头的戏台上,用六盏大煤油灯照明,演了一夜的戏，那些从外地赶来的小摊小贩，也在戏台周围摆了个通宵达旦。

到了第二天，东方刚露出鱼肚白，地上、草上盖着一层薄薄的白霜，有烛光照射的地方，恰似铺着一块块银色的纱巾，在晨风中微微飘动着。

这天一早，张篾匠跟着李大伯从太阳村赶到界头村，来到东平娘娘的娘家时，看到十六名男女青年正在给两尊神像洁身。然后，村里的族长首先向二尊神像祭拜。接着，其他乡邻一一叩拜。

族长见众乡邻祭拜完毕，便站在大门中央高声喊道："吉时已到，恭请二尊神像起身——"

两座大轿被抬出东平娘娘的娘家，走出界头村，转过乌岗口，经过王家村，三转四折，到达东平娘娘外婆家所在的八亩村。

两座大轿在村头落定后，一番舞龙舞狮表演后，八亩村乡邻纷纷给两尊神像敬献红、绿色绸带，两座大轿霎时成了飘红着绿的花轿。

此时，族长喊道："娘娘省亲告毕，恭请二尊神像回东平王庙——"

巡游的原班人马，浩浩荡荡地从八亩村返回太阳村，在太阳村的街道、弄巷和大户人家门前进行了一番巡游。

巡游完毕，两尊神像被抬至东平王庙就位。这时，太阳村的族长高声喊道："两尊神像一路劳顿，上祭品相供，请两尊神像受用——"

族长话音一落,鞭炮声、鼓乐声震天动地,太阳村村民纷纷将准备好的供品一一摆上供桌。供品中有三牲（金猪、鸡、鱼）、转运宝牒、平安符、金斗、大元宝、禄马、糖果、茶、酒等等。

族长巡查了一下供品后,对着众乡民说:"各位乡邻,忠义垂青史,积德为厚地。望各位乡邻,承张巡忠义之志,以仁待邻,以德处世,让太阳村永世阳光普照,人兴物旺!"

"好——好——"场上顿时响起一片呼喊声,和着四面群山的回声,在这山谷里久久飘荡着……

小链接:

太阳"东平王庙会"于2012年被列入第四批浙江省非物质文化遗产代表性项目名录。该庙会在"文化大革命"时期被停止举行,1987年恢复。恢复后的太阳东平王庙会取消了神像出巡仪式,但扩大了物资交流活动和民间艺术表演,成为当地群众倡导正义、祈求平安、弘扬正气、促进发展的平台。

老东岳里深夜审疯子

北宋大中祥符元年（1008）的一天早晨，汴梁（今河南开封）城显得格外安宁，连鸟儿也似乎还在安眠，没有叽喳声。可是，习惯早起的真宗皇帝赵恒，却早早来到紫宸殿，坐在龙椅上休息了一会儿，准备视朝。

这时，侍卫递上来一盏茶。赵恒用茶盏盖轻轻拨了两下浮在上面的茶叶，便小心地呷了一口，感到心旷神怡，心中不免想着：与北方辽国澶渊之盟已结，大局已稳，江山不易。想到这里，这龙颜上便露出了一层喜色。

突然，他右手在龙椅上一拍，大声对身旁的太监说："取消今日朝会，立马上泰山！"说着，在文武百官的前呼后拥下，皇帝赵恒便兴冲冲地赶往泰山。一路跋山涉水的赵恒到达泰山后，他先幸游了一番山景，之后便在山顶举行封禅大典，加封东岳泰山神为"仁圣天齐王"，北宋大中祥符四年（1011）又封东岳泰山神为"天齐仁圣帝"。

这真宗皇帝赐予东岳泰山神帝号之后，祭祀泰山神的东岳庙就像雨后春笋般在大江南北纷纷建了起来。

这不，南宋乾道三年（1167），浙江钱塘县西溪法华山下的山坞里也在大兴土木，依山建了一座有大小房屋百余间的东岳祠，以东岳大帝为主神祇，称"东岳行宫"，也就是后来民间俗称的老东岳庙。

这老东岳庙的规模虽然比不上后来建造的吴山东岳庙，但它雄伟宏丽，前后三进，尤其在山门后天井左右两侧的廊庑内，各设有三十八判官殿。况且它处在地广人稀的城西，香客进出便利。因此，老东岳庙一建好，那香火是一日比一日兴旺，"舟车道路，络绎往来，无日无之"。尤其是东岳大帝神诞前后和农历七月的朝审，那更是热闹非凡，香客不下十万之众。

这年三月廿八日，俗传为东岳天齐仁圣帝生辰。一大清早，住在东岳村的郑生荣大伯和郑大妈，拎着一篮供品，急匆匆地来到老东岳庙。

这时，东岳庙内及庙前的广场上都已经挤满了从四面八方赶来的香客，每个"班户"（即香客的组织名称）的香客围坐一圈，木鱼声、念经声此起彼伏，蜡烛味、香烟味四处弥漫，把香客和游人熏得眼泪汪汪。

郑大伯夫妇俩挤进人群，穿过山门殿，走过天井，再拾级而上，进入东岳宝殿，将带来的糕点、水果等供品一一放在案桌上。这时，一名老道士迎上前来，亲切地跟郑大伯打招呼："生荣弟，你来得正好，等会我们忙不过来时，还得请你帮忙照应照应啊。"

这老道士与郑大伯怎么会如此熟识呢？原来，东岳庙的地产属东岳村，是郑家祖产，庙里的道士均为郑家各房子孙，他们平时便服居家，一到春秋香汛时节，便道装入庙，从事庙内布置、管理、做道场等事宜。

正在这时，从庙门外传来一阵铿锵的锣鼓声，只见一名穿着挺括、士大夫模样的壮年男子，双手捧着一卷用金黄色锦缎包着的东西，其后跟着十几名同样打扮的人和一班锣鼓队。

庙里的这名老道士听到鼓乐声后，立即迎了出去，上前向这名壮年男子施礼后，便问道："这位相公，你们是何贵社陌（即社团）呀？恭迎，恭迎！"

这名壮年男子颇有礼貌地回答说："回黄冠（即道士）之问，我乃西湖北山诗社部分同仁，今日东岳大帝生辰，特前来献钱幡数幅。"

道士连忙说道："多谢贵社相扶，快请入殿张挂，给东岳大殿增色添光。"

说着，老道士引领诗社诸人进入东岳大殿。这壮年男子见到端坐在神台上的东岳大帝衣冠齐整，状貌威严，栩栩如生，顿时心生敬意。

北山诗社诸同仁一齐向东岳大帝施礼后，那名壮年男子将带来的包裹层层打开，四幅长幡露出了精美的图案。老道士见后，笑容满面地说："实乃杭绣精品，珍哉，珍哉！"他赶紧叫道童搬来长梯，将这一幅幅长幡挂在东岳大帝神像两侧。

这四幅长幡足有二丈多长，四周镶着金边，绿底或黄底上分别绣着菊花、荷花、梅花和兰花，生动逼真。

此时，那名壮年男子又从长衫口袋中摸出一个袋子，双手递给老道士，虔诚地说："这是我们诗社同仁的一点香火钱，用于供奉东岳大帝，愿大帝佑天下太平。"

接着，北山诗社诸人当众吟诵起《题马远踏歌图诗》："宿雨清畿甸，朝阳丽帝城。丰年人乐业，垅上踏歌行。"

老道士接过这钱袋子，掂了掂，觉得沉甸甸的，便躬身施礼，对这名壮年男子说："贵社同仁如此坦荡善良，可嘉，可嘉！待到秋季东岳香会朝审，还望贵社人士前来共观。"

这一天，像北山诗社这样来老东岳庙献物的社陌还有不少，有的献钱幡，有的献灯油，有的献柴米。东岳大殿内的长幡，挂得是满坑满谷，给这座高敞的大殿平添了几分华丽色彩。

时间过得很快，转眼到了这年的农历六月三十。这天，轮到郑生荣大伯来庙里执事。一大清早，他就把写好的布告拿到庙门外张贴。

这布告上写道："兹东岳大帝总理阴阳，权衡社稷，提勘天下一切犯罪男女，昭明一切善恶。本庙秋季香汛自六月三十始，至七月十五止，中有大帝朝审之举，有案者便可前奏。兹特告之。"

其实，老东岳庙的秋汛香会早就远近闻名，善男信女慕名而来。那时候，杭徽公路（今西溪路）上香客络绎不绝，路两旁各香会组织开设有茶棚，供茶、供粥、供馒头，尽"结缘"的诚意。

话说七月初十这天，老东岳庙里人潮涌动。各"班户"香客，此往彼来；善男信女，口念弥陀。东西廊庑之间，孝子哭灵之声，不绝于耳，闻之使人心酸。

傍晚时分，上次前来献幡的北山诗社十多位同仁又

老东岳庙

来到老东岳庙。老道士正在忙着晚上朝审之事，便请郑生荣帮忙招呼。

郑生荣上前行礼后，对诗社的那名壮年男子说："你们来得正好，今晚要举行大帝朝审，不妨看看。"

壮年男子答道："大帝朝审之事我们早有所闻，因该举唯此庙有之，故特来一探究竟。"

到了这个时候，白天的香客大多已经离庙，大殿之上，两楹之间，只有坐夜的善男信女，以及前来看热闹的人们。整座寺庙退去了白天的喧闹，一下子变得十分清静了。

那名北山诗社的壮年男子见此情景，便慨叹吟道："毕竟东岳行宫中，风光昼夜两不同。"

就在这时，庙外传来头更敲鼓声，老道士带领的一班人马已经把大帝朝审用的公案布置就绪。接着，殿上击鼓撞钟，管箫齐奏，顿时呈现一番肃穆气象。

北山诗社的那名壮年男子问身边的郑大伯："大伯，这大帝朝审是否就要开始了？"

郑大伯指着正在入位的皂头说："是呀，你看，二十四皂头正在就位了。"只见公案之前的东皂、西皂，身着青衣，腰束红带，手提灯笼，左右分列。

此时，殿上击鼓撞钟三下，鼓声、钟声在这寂静的山坞里显得格外洪亮。

"大帝登朝——"一声号令下，东岳大帝从崇圣宫中被抬出，殿上撞钟击鼓，笙箫迭奏。不多时，帐幕启处，大帝端坐堂中，身穿龙袍，足蹬皂鞋，头戴冠冕，栩栩如生，令人肃然起敬。这时，两旁执事员役，个个挺身恭立，依次焚香礼拜。

"案总书参谒——"大帝案前一名官吏代表大帝发出第一道命令。传令人将令旗送达案总书。案总书奉令后，由殿下拾级而上，东西两皂齐声喝道："啊——"响声震天。

只见案总书在案前行三跪九叩礼，报告一番后退下，领取钥匙，开启午门。

"禀事——"号令官发出第二道命令。这时，各科、房、厅代表人，手捧朝笏，一一趋前跪禀。其中一人禀告某地一疯子常扰乱民生，民众有冤。

"将疯子打入地狱，审疯癫——"号令官发出第三道命令。

北山诗社的那名壮年男子好奇地问郑大伯："东岳大帝还要审疯癫，这是真的吗？"

郑大伯告诉这壮年男子："大帝审疯癫是老东岳庙朝审特有的仪式，这些人都是装扮的，就像演戏一样，你接着往下看。"

只见场上执事员役将"疯子"拖入大殿边上的"地狱"，"一见生财"的白无常，哭脸流红的黑无常，手摇折扇的大头鬼，执短烟管的小头鬼，鼻孔流血的判官，以及长着牛头马面的夜叉等，也一齐进入地狱。

这时候，地狱贴上大帝的封条，里面仅点一盏油灯。昏暗的灯光照射着各人可怕的脸，阴森森的。昏暗的环境中，大家席地而坐，大口大口地吃着高粱、鸡鸭、鱼肉。等东西吃光后，"疯子"由家人陪着，躺在地上，旁边放着一个稻草人。

"笃笃笃"，外面传来三更的敲鼓声。"地狱"门外突然响起"砰砰砰"三声。接着，"地狱"里冲进一阵烟火，那松香和硫黄的气味充满了整个"地狱"。这时，传来一阵嚓锒锒的金属碰撞声和尖叫声，"疯子"被拖了出来，背上捆了个稻草人。

"这'疯子'背上为什么系了个稻草人啊？"北山诗社的壮年男子问郑大伯。

郑大伯回答说："这稻草人代表'疯子'的灵魂，要来接受审问，受敲打之苦的。"

正说着时，见两名夜叉，手拿铁链，狠狠地抽打这稻草人。然后，将"疯子"带到大帝案前。

大帝端坐堂中，两边点起了半明不灭的红绿色风灯，照在那些扮鬼的人的身上，令人毛骨悚然。

朝审开始了。大帝身后一人，"疯子"身后一人，恰似演双簧一样，一问一答：

"大胆'疯子'，你为何好人不做，偏要卖疯扰民？"大帝审问。

"冤枉啊，大帝，我本是一本分的平民，种田为生，实乃是官府逼我交租粮，又强抢我妻，害得我疯疯癫癫，六魂不守。""疯子"回大帝的话。

"快快说来，逼你交粮、强抢你妻者是谁？"大帝问。

"就是我们镇上的王阿三，他可是这里的一霸呀，人人见他都躲避三丈！""疯子"大声回大帝话。

"哦，还有如此一霸，这等目无王法，欺压百姓，当严惩不贷，以肃清乡风。"大帝拍案说道。

如此问答一番后，大帝令众夜叉速拿王阿三，将其打入大牢，明日再审。

然后，大帝判道："你一'疯子'，实乃被逼所致，虽有扰民，亦是无奈。本官定当扬清激浊，还你妻室，从此不得装疯扰民，好好做人。"

"疯子"连忙叩首谢恩，大帝退堂，朝审结束。

小链接：

"老东岳庙会"于2007年被列入第一批杭州市西湖区非物质文化遗产代表性项目名录。老东岳庙会中的"大帝朝审"为他地所罕有，或不易见到，最后一次朝审活动约在民国三十六年（1947）。

"大帝朝审"习俗虽属滑稽，但借此习俗，以教民众，劝人为善，和睦乡邻，对整治乡风有一定的积极意义。

一口井演绎元帅庙会

南宋淳祐年间,有一年的初夏,钱塘县东郊的汤镇(今乔司)、翁梅一带数月无雨,大河小溪干涸,河床龟裂,不要说田地里的庄稼已成枯黄一片,就连人喝水也十分困难了。

还好,在汤镇城隍庙里有一口水井,说来也奇怪,这口水井在这样的大旱天,井水照样还是满满的。因此,城隍庙周边及附近的乡民每天都到这里来排长队取水,可以说这口井水成了这一带百姓的救命之水。

可是有一天,掌管行云布雨的龙王巡视天下时,发现汤镇人竟敢大旱天不拜龙王求雨,反而在井边排队取水,心中十分恼火。于是,龙王便私通瘟神,趁黑夜在汤镇城隍庙这口井里投下了瘟毒,企图传播瘟疫,伤害百姓。

说来也巧,就在这一天,一名上京赶考的温姓书生路过汤镇时,太阳已经快要下山了。这名书生就借宿在汤镇城隍庙里,待第二天一早再赶路。

这温姓书生打理好铺盖后,便借着庙里的烛光,专心致志地读书了。读到深夜时，这书生连打三个哈欠，有点睡眼蒙眬了。他便走出庙门，来到井边，正想打水洗个脸，清醒一下头脑，突然发现一只青蛙蹲在井沿上，看到他后，朝他鼓了鼓腮帮子。正当这书生觉得十分有趣时，这青蛙扑通一声，跳进了井里。

这书生正在想：你难道要做一只井底之蛙吗？可不一会儿，他发现跳入井里的青蛙挣扎了几下后，便白肚朝天了。

温姓书生赶紧找来两根竹竿，将青蛙从井里捞了起来，拿到烛光下一看时，让这书生大吃一惊：这青蛙四脚挺直，通身发黑，嘴吐血沫。

书生连声喊道："不好，不好，这井里是有毒了！"于是，他书也不看了，就守在这井边，防止有人来打水饮用。

大约过了一个多时辰，东方露出了鱼肚白。在井边守了大半夜的这名温姓书生，这个时候实在挡不住这瞌睡虫了，正昏昏欲睡，突然听到丁零当啷的水桶打水声，温姓书生的瞌睡一下就被惊醒了，赶紧站起来对打水的乡民说："这井水有毒，不能再饮用了。"

前来打水的乡民根本不相信他说的话。一名青年人指着书生说："你是什么人？这井水是我们天天在用的，哪里来的毒哇？"

有人接着说："是呀，你是不是想霸占这口井，靠它卖水，收取不义之财？"

这时候，前来打水的人是越来越多了，有的拿起吊桶就要去井里打水。这书生拦了这边，漏了那边，以一挡不了众啊。他眼看着已经拦不住大家了，便急中生智，纵身一跃，砰的一声跳进了井里。

这下可不得了，书生的这一举动惊呆了在场的所有人。等到大家把这书生从井里打捞上来时，这书生已经浑身发黑，七窍流血。

到了这时候，众乡民才相信这书生刚才说的话是真的了。大家非常后悔，刚才没有相信这名书生的话，结果害了这名年轻书生的一条性命。

这时，人群中有一位年长的人对众人说："各位乡邻，这名书生是为了救我们而失去生命的，他是我们的救命恩人，我们当感念他的大恩大德。这名书生是为阻止瘟疫传播而献身的，因此我提议尊他为瘟元帅，为他塑一尊黑脸菩萨供于城隍庙，保一方太平。"

还有人提议说："今天是五月十六，我们把这天作为这名书生的忌日，每年在这一天祭祀瘟元帅。"众乡邻是齐声赞同，都表示应该好好纪念这位救命恩人，并约定明年五月初十两地各派代表具体商议祭祀活动的各项事宜。

时光一转，到了第二年的五月初十这天，汤镇和翁梅乡的乡民代表汇聚在城隍庙里。这城隍庙大殿的东侧，已经开设了一座元帅殿，端坐着的瘟元帅，一张铁黑的脸，手捧一卷书，双眼炯炯有神。在他的脚下，放着一个大乌甏，甏口用黄纸封着，黄纸上盖有一个红色的大印章。

元帅殿的廊柱上挂有对联一副，上联"一介书生舍身救人恩同再造"，下联"万古流芳感天动地世代永念"。

正在大家议论如何祭祀瘟元帅时，那位提议塑瘟元帅神像的年长者，站到瘟元帅塑像前，捋了捋山羊胡子，对乡民代表说："各位乡邻，为了让祭祀瘟元帅的活动搞得既盛大隆重又井井有条，我提议，五月十五举行'晾会'（即编排出巡队伍次序及检查民间艺术队伍准备情况），十六日一早举行庙祭后，请瘟元帅巡游各村，收取瘟气，保各村人丁平安。"

两地代表一致赞同这位年长者的提议，并推举这位年长者为巡会总司。同时决定各村派出一名执事，负责各村具体联络工作。

五月十五这天，各村准备参加元帅庙会巡游的马灯、龙灯、滚灯等队伍聚集在城隍庙前的广场上，这位年长的总司带领各村执事，对这些队伍进行一一检点，并在记事簿上一一登记，编排好明天出巡队伍的先后次序。一切停当后，就等待第二天行会了。

话说五月十六这天，天气晴朗，晨风习习，太阳还没露头，东边天际泛着火红的朝霞。那绚丽的朝霞映在广阔的田野上，恰似仙女剪下的红绸，把原野装点得格外艳丽。

就在这时，汤镇城隍庙元帅殿门外，已经是里三层外三层站满了前来祭拜瘟元帅的人们。广场四周旌旗猎猎，穿戴得红红绿绿的各种民间艺术队伍，在广场中间一支一支整齐地排列着，像是等待出征的将士。

卯时三刻，东方太阳冉冉升起。这时，穿一身紫红色长袍的那位年长者，也就是负责元帅庙会巡游的总司，站上元帅殿门口的高台，捋了捋山羊胡子，对着广场上的人群高声唱道："钱塘汤镇乡民祭祀救命恩人瘟元帅活动正式开始——"

总司话音落，只听见"砰砰砰"放铳八响，震天动地。

"敬香献供——"总司接着唱道。

这时，有四位老者手拈点燃的高香进入元帅殿，向瘟元帅塑像三鞠躬后，将高香插入香炉。接着，八名男青年手捧分别盛有猪头、全鱼、公鸡、羊腿、蔬菜和水果的红色托盘，依次入殿，一一放于供桌。

"各村执事参拜瘟元帅——"总司发出参拜号令。各村执事代表众乡民，入殿向瘟元帅神像行三跪九叩礼，

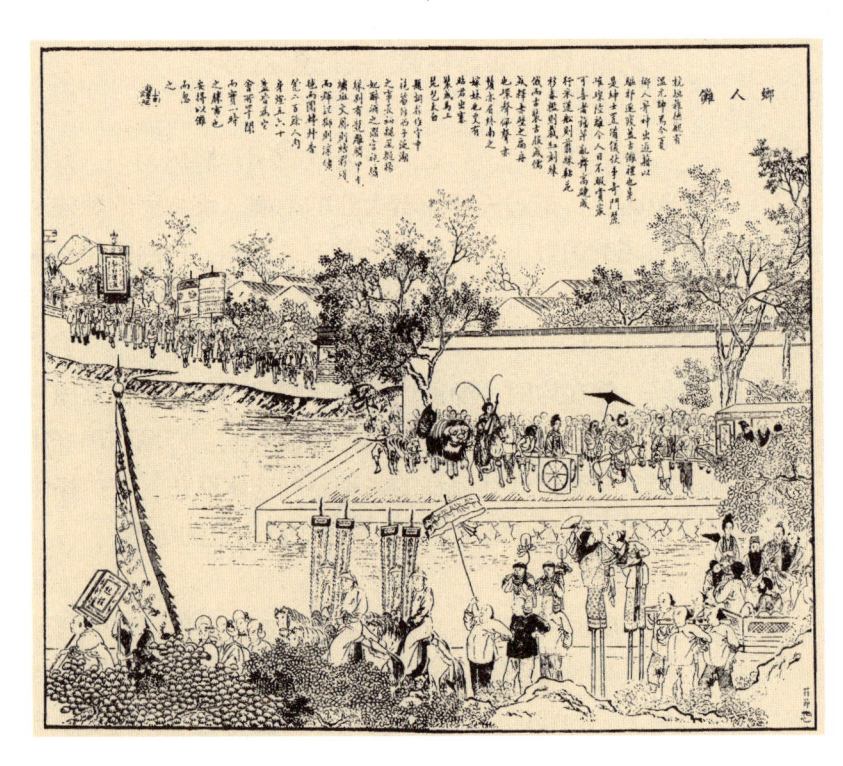

杭城瘟元帅庙会

同时齐声祈祷："愿元帅收尽人间一切瘟疫，保乡土永盛，保民生永安！"

各村执事参拜完毕，总司又高声唱道："恭请瘟元帅出殿，巡游各方，捉拿瘟毒，赐福民间——"

六名壮汉跟着总司进入元帅殿，总司在瘟元帅神像前叩拜三下后，指挥四名壮汉将瘟元帅神像从神台上请入座轿，座轿顶上撑起一把大黄伞，剩下两名壮汉将瘟元帅脚下的大乌髭一齐抬出元帅殿。

这时，鼓号声齐鸣，鞭炮声轰响，场上人群沸腾，恰似钱塘江潮水在这里汹涌澎湃。

"瘟元帅出巡启程——"随着总司一声令下，四只大铁鼎在前面开道。这四只铁鼎各有一人用头顶着，铁鼎上部外翘的三根柱子的顶端各系着一根红绸带，绸带另一头是一个大绸球。举鼎的大力士一边走，一边将重达百余斤的铁鼎随着身体不停地旋转，直把系着的红绸带旋得平行飘起来，引来一阵阵喝彩声。

大铁鼎后面是三面大纛旗，高二十余尺。每面大旗有一壮汉单手托住，旗顶拉下四根绳子，有四人在四角拉住。大旗迎风招展，旗上挂着的铃铛发出丁零当啷的声音。

这时，人群中有人高喊："滚灯来啦！"只见八名男青年头扎白毛巾，身穿黄色的武士服，手擎直径足有一米五的竹编大滚灯，一路耍来。其中一名滚灯手用牙齿咬住系在滚灯上的绳子，再用双手将滚灯在胸前快速旋转后，双手放开，滚灯与人成直角旋转。在喝彩声中，有人说："这动作叫'蜘蛛吐丝'，滚灯转起来的力道很大的，弄得不好，连牙齿都要被拽掉的。"

接着走来的是马灯、高跷、抬阁、采莲船、响叉、龙灯……末尾是大乌鬶和三班六房。长长的队伍，浩浩荡荡，比肩继踵，一路向前。

"来啦，来啦，瘟元帅来啦！"早在大园村村口等待的乡民，一见到瘟元帅巡游的队伍，就连忙呼喊了起来。

大园村的村口，已经搭起一座高高的接风台，以迎接瘟元帅的到来。巡游队伍一到，瘟元帅的座轿由大园村的乡民代表请上接风台，然后供上祭品，众乡民纷纷上香叩拜。

这时，抬大乌鬶的两人把乌鬶放于接风台下。总司走上前，揭开乌鬶口的封条，向瘟元帅祈祷："恭请瘟元帅捉尽人间瘟毒，关入乌鬶，从此瘟疫不再，乡民安康。"

总司祈祷后，各支民间艺术队伍就地表演，龙灯、马灯欢腾，高跷、火流星竞技，采莲船悠悠荡荡，高高的抬阁惊险刺激……

正当锣鼓喧天时，大园村的执事端来一盆清水，并将水浇在乌鬶四周，总司将乌鬶口的封条盖上，再用麻绳将其扎紧。然后，总司发出号令："瘟疫收尽，瘟元帅启程前往东安村——"

如此，一路鼓乐，一路欢腾，一路巡游。瘟元帅巡游完各村后，返回元帅殿时，时间已近傍晚。

这时，西边天空中出现一片片像火焰般燃烧着的晚霞，在落日的映射下发出金灿灿的光芒。这晚霞，恰似为民舍身这高尚情操那样绚烂，又似滴水之恩当涌泉相报这传统美德那样瑰丽……

小链接：

"元帅庙会"是旧时临平一带规模最盛大的庙会之一，盛于明清，"文化大革命"时停止，改革开放后恢复并一直传承至今。"元帅庙会"于2009年被列入第三批浙江省非物质文化遗产代表性项目名录。该庙会中表演的"余杭滚灯"，于2006年被列入第一批国家级非物质文化遗产代表性项目名录。

百花仙子喜闹花朝节

南宋淳熙末年，春节刚过，临安（今杭州）城里的大街小巷和店家商铺，还是红灯笼高挂，彩色绸带飘飘，延续着一派浓浓的节日气氛。

有一天的早晨，东边天际刚刚泛白，居住在临安城癸辛街（今杭州仁和路）的吴自牧[①]，已经在书房里随意地翻着书卷，突然看到《淮南子》中的《天文训》，他便仔细地阅读起来，其中有对花神女夷的描写："女夷鼓歌，以司天和，以长百谷禽鸟草木。"

此时的吴自牧，似乎看到花神女夷正在边鼓边舞，在有节律的鼓声中，羽衣蹁跹，是那么的逍遥自在，是那么的婀娜多姿……

正当吴自牧想得入神时，书房的门突然被打开。吴自牧回过神来，扭头一看，原来是他夫人给他送早茶来了。

吴自牧接过茶盏，轻轻呷了一口，对夫人说："仲春十五将至，正是百花争望之时，最堪游赏，是否有意去踏青赏花一番？"

[①]吴自牧，生卒年不详，钱塘（今杭州）人。宋朝灭亡后，曾经回忆并记载钱塘盛况，介绍南宋都城临安城市风貌，并编写《梦粱录》二十卷。

他夫人一听，高兴地说："官人，你若不开口，我也正想跟你说呢，趁春暖花开时去踏踏青，去花神庙祭拜花神。"

吴自牧欣然说道："甚好，甚好，再过两天，就时值花朝了，咱俩一同去会会百花仙子，顺便观观浙间风俗。"

二月十五这天，杭州民间称此日为百花生日，俗称"花朝节"。二月十五"花朝"与八月十五"月夕"，春花秋月，花好月圆，此情此景，不知醉倒多少诗人！

这天清晨，吴自牧照常在书房里晨读。他抬头向窗外望去，看见他夫人在屋前的院子里，将前一天剪好的一张张五色彩笺，用红绳子系在树枝上。这一张张五色彩笺，迎着柔和的初春晨光，在和煦的春风里轻轻飘动着，恰似花仙子在翩翩起舞。

吴自牧等夫人把这些彩笺系好后，便问夫人："娘子，你可知道这花枝上挂红着绿的来历吗？"

夫人笑着说："官人是想考考我吗？我在《镜花缘》里看到，武则天登上女皇宝座后，在一个严寒冬日，她看到蜡梅盛开，便突发奇兴，写了一首《催花诗》：'明朝游上苑，火速报春知。花须连夜发，莫待晓风催。'果然，她第二天游上苑时，天和日暖，池冰解冻，只见满园青翠，红紫迎人。武则天大喜，令宫人给花木挂红，悬上金牌。这就是百花生日给花木挂红着绿的来历吧。"

吴自牧听后哈哈一笑，说道："花木也有灵性啊！"他接着说："娘子，我早就闻听'涌金门外划船儿，钱塘门外香袋儿'之谣，趁着今日天气晴朗，我们快去钱塘门外赏赏百花，看看那里的春汛香市吧。"

说着，吴自牧和夫人来到位于临安（今杭州）城西面的钱塘门。吴自牧站在城门下，眺望着城门上那两层高的城楼，飞檐翘角，恰似一位老人在俯瞰那一池碧波涟涟的西湖春水。

他和夫人信步走进这座拱形的城门，踏着用长条砖和香糕砖铺就的门道，发现这城门是用砖石券顶砌成的。吴自牧摸着这一块块长有青苔的砖石，似乎看见了悠悠的岁月，看见了历史的沧桑。

"官人，你在这里发什么呆啊，那百花仙子在等我们呢。"在一旁的夫人，催着吴自牧快点走。

吴自牧和夫人出了钱塘门，迎面看到的就是那春波荡漾的西湖。这湖边都是来来往往的人，他们大多背着黄色的烧香袋。面朝西湖的昭庆寺里传来阵阵梵呗声。

夫人问吴自牧："官人，这西湖边怎么会有这么多身背黄色袋子的人啊？"

吴自牧告诉夫人："西湖香市开于今日花朝，这些都是从嘉兴、湖州赶来朝山进香的香客。你听那昭庆寺的梵呗声，那是花朝节为百姓祈祷祝福的斋会。"

吴自牧与夫人循着湖边小路，一路说着，便来到了花树茂密、亭榭棋布的玉壶园。一进入这花园，就有一阵阵花香袭来，沁人心脾。

吴自牧信步走在林间小道上，这座园子曾是名将刘光世的后花园，尽得湖山之胜，因建有玉壶轩而得名。

他缓缓走上玉壶轩台阶，环顾四周，看到在这座林亭幽雅、奇花繁盛的花园里，处处是品茗闲谈的游客，处处是携老带幼的赏花者。

吴自牧见到此情景，便情不自禁地吟诵起诗人杜范的诗句："占尽春光好，湖山一览余。著身蓬岛里，纵目画屏如。"

这时，从他身后传来"卖花啰！卖花啰！买个花仙子回家啰！"的吆喝声。吴自牧循声望去，只见一名三十开外的卖花女，围着一条花头巾，手拎一只马头竹篮，那竹篮里盛满了各色鲜花。

吴自牧夫人走上前，对卖花女说："卖花姑娘，你篮子里有兰花吗？"

卖花女细声细气地说："有的，正是含苞待放呢。"说着，从竹篮里取出一棵正在抽出嫩黄色花蕊的兰花，微笑着递给吴自牧夫人。

吴自牧夫人轻轻摸了摸这又细又长的墨绿色兰叶，一片片舒展着的叶子，如同花仙子的飘带，中间还夹着一些刚刚长出来的嫩绿色的小叶呢。她将这棵兰花放在鼻子前，深深地闻了闻，兴奋地对吴自牧说："啊，真的好幽香呀！"

吴自牧对夫人说："那是自然，它可是花中君子，正犹如夫人你独具蕙质兰心一样。"

夫人嬉笑着说："官人又在取笑我了不是，说正经的，我们快去花神庙吧。"

说着,吴自牧和夫人一起来到郊外的花神庙。这花神庙四周是一大片栽种着各种花木苗子的花圃,里面有玉兰、兰花、郁金香、茶花等,都在争先恐后绽放,绚丽夺目。花园里一群群人,沐着和煦的春风,踩着灿烂的阳光,正在赏花踏青,与百花来一次春天的约会。

正当吴自牧和夫人被这五颜六色的花卉所陶醉时,从花神庙里传来锣鼓声。他俩赶紧走进花神庙,只见大殿正中祭奉着端坐的花皇颛顼帝,他手执牡丹花,两侧排列着十二尊花神,均以一代名人手执兰花、梅花、桃花等以表身份。那一月梅花花神是江采萍(即梅妃),二月杏花花神是杨玉环……

这时,听见司仪一声高喊:"鸣锣击鼓,献香更衣——"随着十二声大抬锣、十二响大架鼓的敲响,各地富商、花农和当地乡绅列队向花神献香,再由三名德高望重的长者为花神更衣,先是给花皇更衣,然后是各月花神。每换好一尊花神的衣饰,就鸣响一通锣鼓,吹起一阵唢呐,气氛庄严肃穆。

此时,吴自牧对夫人说:"你我应入乡随俗,既来之则敬之,一起参拜花皇,愿国泰民安,风调雨顺。"

就在这时,司仪高喊一声:"花皇出殿啰——"只见三十六名身穿黑衣红裤的精壮汉子,手拿三眼铁制黑漆火铳,依次对空鸣放,总共一百零八响。然后云板三响,七十二名衙役装扮的皂隶手持水火棍,齐喊三遍堂威。

"花皇升轿游乡——"司仪一声令下,轿子前后共十二名穿着崭新青衣,头戴小帽的轿夫将轿杠一一抬上肩,轿子两边是二十四名童男童女,他们手持鲜花、拂尘,轿后三十六名随从打着黄罗伞盖、龙凤彩旗相随,后面还跟着从十里八乡自发赶来的民间乐队,浩浩荡荡而去。

吴自牧望着这长长的花神游乡队伍缓缓远去,不由得感叹道:"万紫千红着锦绣,莫待春风已满园。"

小链接:

西湖花朝节,起于唐,盛于宋,式微于民国,是杭州民间传统节日之一。相传,每年二月十五为百花生日,民间俗称"花朝节""花神生日"。2011年,杭州花朝节在西溪湿地恢复举办,让传统的花朝文化重新回归杭城。

"花朝节"于2007年被列入第二批浙江省非物质文化遗产代表性项目名录,申报地是杭州市拱墅区。

古镇龙门的盛大狂欢

北宋绍圣年间的一年八月,秋日的阳光柔和地洒在群山环抱的富春(今杭州富阳区)龙门村。村后的龙门山,峰峦重叠,密密层层的树林,已经被秋姑娘染得像一块七彩的画板,一爿爿相连的稻田被染上了金黄的颜色,偶尔从村子里传来几声汪汪的狗吠声,给秋天的山乡增添了一份生气。

这如诗如画的龙门村,是三国东吴大帝孙权的故里,居住着孙权的一代代后裔,所以村里人大多姓孙。

一天早晨,孙权第二十二世孙孙裕,急匆匆地来到村北面的水口山山脚。他一到这里,就听见锯木声和榔头敲打声。原来,这里正在建造一座孙氏家庙。

正在干活的木匠张师傅见到孙裕,便放下手中的锯子,走上前来对孙裕说:"少东家,你看,庙屋木作活今天就可以完工了,接下来就等油漆了。"

孙裕查看了一下庙屋的柱梁后对张师傅说:"这庙宇乃是家父的一个心愿,你等务必精心建造,不得有任何差池。"

说起这孙氏家庙，那是孙裕的父亲孙余庆晚年时，与儿子孙裕商量后，亲自选定在村北水口山山脚，为先祖孙洽建造的香火庙，而且在生前已经给这庙宇起好了名字，叫"荫功天子庙"。可是，不等这庙宇建好，余庆公因积劳成疾谢世了。临终前，他再三嘱咐儿子孙裕要把这香火庙建造之事作为一件大事用心做好。

到了八月二十日，这荫功天子庙已经全部完工。这天，孙裕带着龙门孙氏几房子孙来到这荫功天子庙。他请大家坐定后，便开口说："各位叔伯堂兄，家庙已经落成，为圆祖父和家父的心愿，我打算择日为荫功天子庙圆梁，不知各位意下如何？"

这时，一位孙氏长辈站起来说："家庙建成，此乃我孙氏子孙一大幸事，当择吉日圆梁开庙，以祭先祖。只是这日子的选定，应请一饱学的先生一起商定才好。"在场的孙氏后裔也纷纷同意这位长辈的提议。

第二天，孙裕请来了一位先生，带着他到荫功天子庙转了一圈后，先生摇头晃脑地对孙裕说："此庙背山面水，风从四面而来，实乃一方宝地也。"

先生掐了掐手指，说："要说圆梁吉日，应选在九月初一。"

孙裕问先生："为何选九月初一为圆梁之日呀？"

先生还是摇头晃脑地对孙裕说："你想想看，吴大帝孙权建都南京是在九月，尊祖父和尊先父也是在九月出生，九月乃孙氏旺月，九月初一乃一月之旦，大吉大利呀。"

就这样，孙氏族人定下这年的九月初一为荫功天子庙圆梁开庙、祭祀先祖的日子。接下来，孙氏族人就忙着准备圆梁开庙的一切事宜。

转眼到了九月初一这天，天公作美，秋高气爽，微拂的晨风带来丝丝的凉爽。太阳掩映在薄薄的云层中，射出一道道泛红的霞光，光彩四溢，映得高高的龙门山如披上了一身金黄色的轻纱。

孙裕作为今天圆梁开庙的主祭人，他身着一身镶有金色花边的斜襟紫色绸袍，一大早就兴冲冲地来到这荫功天子庙。只见这庙堂前后三进，已经是挂红着绿，红灯高悬。庙前广场正中的旗杆上挂着一面写有"孙"字的红边黄旗，旗帜下面的红穗在晨风中轻轻飘动。旗杆两边，写有"仁义忠信""积善余庆""孝悌勤俭""勤廉方正"的一面面旗幡，一字排开。

此时，荫功天子庙前的广场上，上千孙氏族人个个穿着崭新的衣服，里三层外三层地把庙前广场挤得水泄不通。

辰时三刻，吉时一到，圆梁祭祖大典开始。孙裕走上铺着红地毯的高台，面对广场人群高声唱道："富春龙门孙氏庆贺荫功天子庙圆梁、祭祀孙氏先祖大典吉时开启——"

主祭人孙裕话音一落，摆成一排的十八对炮仗立即鸣放，噼里啪啦的鞭炮声在山谷中回响，接着是一阵锣鼓声。

"圆梁开庙——"随着孙裕的一声高唱，两位孙氏长者走上庙宇台阶，站在庙门两侧，双手拉住挂在庙门上

龙门孙氏祭祖大典

的大红绸布，轻轻往下一拉，便露出大门上方金底红字的"荫功天子庙"牌匾。此时，原本关闭的庙门忽然打开，广场上顿时响起一片欢呼声和鞭炮声，似海啸般地惊天动地。

孙裕望着那金灿灿的庙匾，心想：祖父和家父的心愿今天终于实现了。于是，他脸上露出了淡淡的笑容，然后高声唱道："恭祭先祖，上香敬酒——"

说着，八名孙氏男性族人出列，四人手拈长长粗粗的棒香，四人手捧锡制的酒壶，从庙门两侧进入荫功天子庙，在第一进吴大帝神像下方的供桌香炉中插上高香，将黄酒倒入酒盅。

"孙氏族人跪拜先祖——"接着，主祭人孙裕带领孙氏族人虔诚地先拜吴大帝，再拜孙氏列祖列宗。

跪拜完毕，主祭人又高声唱道："献供品——"这时，分别由四人抬着一头整猪和一只整羊走上前来，猪、羊头部均系着红绸带。接着是两条大鲤鱼、一只大公鸡，以及鲜果、蔬菜、糕点等等，将四张八仙桌摆得满满的。

各色供品上都插上红色、绿色的小三角旗，有的还插上万年青和松柏枝，红红绿绿，青青翠翠，象征孙氏家族红红火火，万年长青。

"诵读祭文——"随着主祭人一声高唱，一位老者走上祭台，展开手中的黄色锦缎，朗朗宣读，追忆先祖功德，继承先祖宏志，祝祷家族绵延，祈盼国泰民安。

祭文读毕，孙裕再次高声唱道："诵读先祖遗训，不忘先祖教诲——"

庙前广场顿时响起一片朗读声，孙氏后裔齐声诵读先祖遗训《垂教四箴》：

"孝为百行首务，尤居万善大端；悌以友爱是主，义乃敬长为先；勤乃起家根本，惰是丧败萌由；俭乃保家之要，奢实覆产之门……"

这朗朗之声，铿锵有力，字字千钧，似一股清风吹入人们的心田，似一阵警钟在人们耳边敲响。这声音越过山谷，融入滔滔富春江水，缓缓流向远方。

这"孝、悌、勤、俭"，字字值千金，它既是孙氏代代相传的家风家训，也是中华民族的传统美德。它积淀了中华民族深沉的精神追求，薪火相传，与时俱进，是多么值得珍惜呀！

在这朗朗之声刚收尾时，突然响起激烈的战鼓声和高亢的马鸣声。霎时，只见两马夫持令旗在前，十二匹"东吴战马"随后，从广场四周奔驰而来，冲入广场中央。

那用竹篾编扎而成的马头、马尾放置在人的前后，人在中间如骑在马上一般。这马有红色的，有黄色的，有绿色的，有紫色的，有白色的。那骑马的是一个个武将，画着不同脸谱，头戴雉鸡翎，身穿铠甲，手持刀枪，正策马扬鞭。

随着锣鼓和唢呐有节奏地变换音调，一会儿马头高仰，马啸声声；一会儿两马对阵，刀光剑影；一会儿群马奔腾，尘埃飞扬；一会儿布阵冲杀，竞智斗勇……赢得观众阵阵喝彩声。

这竹马舞刚刚停息，一群戴着面具的儿童扭扭摆摆地跳入广场，嘴里不停地喊着："魁星来啦！魁星来啦！"他们边跳边用手中的毛笔作点状元状，边点边唱道："发奋读书，得中状元！"周围的人们纷纷将自己的孩子让文曲星用笔点点额头，场上传出一阵阵欢乐的笑声。

这笑声还在山谷中慢慢飘荡时，那边庙前戏台上的开场锣鼓已经敲响。由孙氏族人"同年会"发起组织的庙台戏，一本接着一本上演。这连台本戏要连续演出三天三夜，山乡俨然是一片欢乐的海洋……

小链接：

"龙门九月初一庙会"于2012年被列入第四批浙江省非物质文化遗产代表性项目名录。富阳龙门九月初一庙会，"文化大革命"期间曾一度中断，1981年恢复。2004年，龙门古镇实施保护性开发利用，结合乡村旅游，在传统九月初一庙会基础上，演变发展为龙门民俗风情节，旨在传承优良家风家训，倡导多做善事，展示民间文化和乡村特产，促进乡村振兴。

南湖塘上的天曹庙会

第四章 传统庙会——暖风熏得游人醉

东汉熹平元年（172）初春的一天，在富阳担任县侯（相当于县令）的陈硕，正在官府中召集家丞、庶子等家臣商议征收租税之事。忽听有人来报，接着递上一件公文。陈硕连忙打开一看，原来是郡守任命其子陈浑为余杭县令，并要求立马上任。①

陈硕手捧这份任命书，心中说不出有多高兴，觉得自己曾为培育儿子颇费心血，今天终于有了回报。

俗话说，人逢喜事精神爽。陈硕三步并作两步，一口气跑回府中，将这任命书递给正在书房里读书的陈浑。

这三十刚出头的陈浑，长得是高大魁梧，英俊潇洒，他从小熟读史书，并立志要做一个对百姓有用之人。

当父亲把这份任命书交到陈浑手里时，他并没有十分激动，而是非常冷静。他掂了掂这份任命书，对父亲说："父亲请放心，我将尽一切所能理政为民，不负民心，不负初衷。"

说着，陈浑整理了一大箱书籍和简单的行李，便告

① 陈浑为富阳侯陈硕之子，出自杭州市余杭区地方志编纂委员会编的《余杭通志》的第四卷。经查，其唯一来源《明一统志》作"陈悻"，而《嘉庆余杭县志》卷二十一《名宦传》、厉鹗《重修钱唐西溪天曹庙碑》言及陈浑时，均未提"富阳侯陈硕之子"，故待考。

别父母,从富阳一路来到余杭县上任了。

陈浑来到余杭县上任的第一天,他就让身边侍从找来一册简易的《余杭图经》,仔细地查看余杭县域的地貌地形,在图经上圈圈点点。

第二天一大早,他来到县城北边的南苕溪畔,看到这条源自天目山的狭窄溪流,两岸芦苇摇曳,一溪苕水涓涓,春风中飘来阵阵桃花的清香,让他感到这是一番别样的美景。

可是让他想不到的是,到了这年的五月,老天爷连降了半个月的"黄梅雨",而且越下越大,那天目群山的洪水,从浙西山地奔涌而下,使溪道狭小的苕溪的水位一个劲地往上涨,顷刻间漫过苕溪堤塘,似一群脱缰的野马直奔一马平川的杭嘉湖平原。

这天,身为县令的陈浑,撑了把油纸伞,挽起裤脚,赤着脚在苕溪堤上巡视。他向远处望去,看到洪水冲决了农田,淹没了村庄,沿途的老百姓如头上悬着一把利剑一般,心惊胆战。

此时的陈浑,心中那番初来乍到时见到的苕溪的美景已经荡然无存,而是觉得心在阵阵作痛。他干脆收起油纸伞,让雨把自己淋了个透。

大水过后,到了这年的夏天,陈浑带着县衙的一班人马,冒着烈日,巡访民间。

这天,他来到余杭县城东南的苕溪村,一名正在田里拔草的老农看到陈浑后,便从田里走出来拉住陈浑的手,苦苦地诉说:"县太爷呀,我们这里是水来即涝,水走就旱。您看，春上是水漫金山，现在是燥干河底，可就是没有灌溉的水源啊。"

陈浑听了老农的这番话后，指着南面的一座山，问这名老农："老伯，这山叫什么山啊？"

老农回答说："这座山叫凤凰山，听老辈们说，很早很早以前，这山脚下也是一条很大的溪滩。"

陈浑听后，似乎是发现了什么，立即对身边的随从说："我们去凤凰山上看看。"说着，他急匆匆地走到凤凰山下，找了根木棍当支撑，一口气爬到了凤凰山顶。陈浑站在山顶，来不及喘一口气，便从这头走到那头，仔细勘察山上及周边的地形。

这天晚上，陈浑找来掌管水利的县吏和一名熟悉当地地形的乡贤，三人一起，秉烛画起治水图来。

这位县吏笑着说："县令大人，您是想长久在这里为官吗？"陈浑笑答："哪怕我在这里当一天县令，也要把治理苕溪水害作为头等大事，解一方百姓之难，这才不枉为官一任，造福一方。"

说话间，到了这年的秋天，余杭县衙大门外和县城的大街小巷，张贴着一张张告示，大红官印下还附着一张治水图。告示要求广大乡民多提合理化建议，踊跃参加这项造福子孙的治水工程建设。

告示下面围满了人，还七嘴八舌地议论着。有的说："这位县太爷真是个好官，想我们老百姓所想，急我们老百姓所急。"还有的说："这可是一件大好事，我要动员全家报名参加。"

原来，陈浑经过多次勘察和周密思考，决定在县城西南的凤凰山下地势较低的地块，筑堤围湖，以分杀苕溪水势；在湖东南方向建造滚水坝，使水流平缓下泄；在湖西北凿石门涵，引导溪流入湖；沿溪南岸修筑防洪堤（即今西险大塘之肇始）；另设数十处陡门和堰坝，遇旱可蓄，遇涝可泄，可惠及农田一千余顷，杭嘉湖平原也可受益。

就在这告示贴出的第三天，县衙门前拥来了一大群人，有老的，有年轻的，有男的，也有女的；有的手拿铁耙，有的肩担土筐，叽叽喳喳，乱糟糟的不知在说些什么。

正在县衙内翻阅案卷的陈浑，听到外面的嘈杂声，便掩好案卷，快步走了出来。众人一见陈浑来了，便哗的一下向他围了过来。那名苕溪村的老农对陈浑说："县太爷，这修筑堤塘什么时候动工啊，您看，这些人都是来报名做义工的，我家一榻括子①三个男劳力全都报名了。"此时，在场的人齐声喊着："请县太爷发号施令，早日动工！"

陈浑看到这热气腾腾的场面，一股激动之情油然而生，他拉住这名老农的手，激动地说："各位乡亲，大家如此踊跃参与，我十分感激。现已募有十万民工，县衙也将橐输四万金，用于这项水利工程建设。如今，这万事已经俱备，治水工程明日即开工。"

第二天一早，陈浑身着便服，带着一帮随从和那张治水图，来到苕溪南面的凤凰山下。看见这筑塘围湖的工地上，虽时值深秋，凉意阵阵，可这里处处是热火朝天。挑土的，打夯的，抬石头的，运木材的，这里是嗨哟嗨哟的号子声，那里是噼里啪啦的敲打声，恰似一曲齐奏的交响乐。

①一榻括子：方言，即全部之意。

陈浑看在眼里，喜在心头。他一会儿拿把木制的弓尺丈量堤宽，一会儿用脚踩踩堤基是否坚实。他原本高大的身躯，在秋阳的照射下，显得更加魁伟。

功夫不负有心人，劳动创造奇迹。经过两年的不懈奋战，在苕溪南面、凤凰山下围筑了上下两个湖。上湖塘高一丈五尺，周回三十余里；下湖塘高一丈四尺，环山十余里。

这天，陈浑带着随从来到这里，望着这修筑好的上下两湖，这微微荡漾的湖水，是多少劳工辛劳汗水的汇聚，是多少乡民祈盼桑稻丰收殷殷心愿的汇聚。于是，他深情地感叹道："事成在于民心啊！"

陈浑望着天空中南飞的一群大雁，随口吟道："秋风起兮白云飞，草木黄落兮雁南归。"转身对随从说："这'南'岂止大雁所归，也是人心所向。这沿溪而筑的湖就叫上南湖，依山而成的湖称下南湖，两湖统称南湖。"

到了下一年的春上，苕溪又是洪水奔涌，眼看就要漫过堤塘。这天，陈浑冒雨查看了水情后，下令打开苕溪大塘石门涵，让苕溪之水泄入南湖。

这涵洞一开，水往低处而泄，苕溪水位猛然下降。泄入南湖的水，通过滚水坝徐徐而出，缓缓流入下游。因而，虽然这年水势超过往年，然苕溪大塘安然无恙，塘下大片农田也安然无恙。

余杭百姓在这场洪水过后，对陈浑决定修筑南湖的决策是纷纷称赞，对这位为民解难的陈浑县令是纷纷颂扬。苕溪村的那名老农还特意请一位乡绅写了一幅字，并亲自送到县衙。陈浑接过后打开一看，上面写着"开辟南湖，泽荫万世"八个刚劲有力的字。

陈浑拱手对这名老农说："老伯，开辟南湖，功在你们，我作为县令，理当急民所急，为民解难，保一方平安。"

多年之后，余杭士绅和百姓为纪念和赞颂陈浑造福于民的杰出功德，在南湖塘建了一座陈明府祠，俗称天曹庙，祀奉陈浑，尊他为逢凶化吉的天帝之神。

这年农历二月十五，是陈浑诞辰日。二月十三，苕溪村那名老农的孙子联络当地士绅，定于二月十五，在南湖天曹庙举行祭祀陈浑的庙会。

二月十五这天早晨，初春的晨曦徐徐拉开帷幕，南湖南面的凤凰山麓被染上淡淡的金黄色，上下南湖微波荡漾，泛起片片银光。南湖塘上的天曹庙披红挂彩，旗帜猎猎。

走进天曹庙，手拿治水图的陈浑神像巍然屹立，神像下的供桌上已经摆满了三牲、蔬果、糕点、米谷等祭品。

卯时三刻，在一位士绅的号令下，鸣炮一百零八响。

"上香，敬酒——"南湖周边各乡代表和县城士绅代表向陈浑神像叩拜后，点燃香烛，敬上家酿的米酒。一时，香烟缭绕，米酒飘香。

这位士绅朗朗说道："余杭百姓当永记陈公恩德，勤奋耕作，但求风调雨顺，国富民强。"

士绅话音刚落，庙前广场上响起"不忘恩德，勤奋耕作"的呼喊声，一浪高过一浪。

这民心是一杆秤，能称出为官者有几多为民之心；这民心是一条河，能激起感恩为民好官的万顷波涛！

这时，那位士绅高声唱道："恭请陈浑神像巡视四乡，佑护乡里风调雨顺，五谷丰登，人畜两旺——"

士绅话音一落，顿时锣鼓喧天，鞭炮齐鸣，由高高的大纛旗开道，木制的"肃静""回避"招牌和十面彩旗随后，接着是由八人抬着的陈浑神像座轿。座轿后面是各色表演队伍，一路敲敲打打，一路轻歌曼舞。

表演队伍中，有装扮成戏剧人物的高跷，有上下腾飞的火流星，有儿童戴着大头面具表演的百子地戏，有梅树造型的多层抬阁，还有显示大力士风采的掮炉子……

巡游队伍从天曹庙出发，过南湖塘，经通济桥，折回通济街，走直街，再经文昌阁，然后回到天曹庙。这一路上，队伍如潮，观者如云，热闹非凡。

这天，余杭县城处处见人流，家家有宾客。民间有俗话："老亲带被来，新亲带米来。"这热闹之景可见一斑呀！

小链接：

余杭南湖和苕溪西险大塘自东汉肇建伊始，一直是保护余杭乃至整个杭嘉湖地区安全的重要水利设施。南湖的开拓者陈浑，是史料所载致力于余杭水利建设的首位县令。后唐长兴（930—933）末，陈浑被封为太平灵卫王。老余杭天曹庙会盛于明清，后时办时停。抗战时，因战乱而停止。民国三十四年（1945），为庆祝抗战胜利，余杭民间再次举办天曹庙会。此后即销声匿迹。

参考文献

张岱撰，马兴荣点校：《陶庵梦忆·西湖梦寻》卷六《西湖香市》，中华书局，2007年。

吴自牧：《梦粱录》，《武林掌故丛编》本。

田汝成辑撰：《西湖游览志》，上海古籍出版社，1980年。

《余杭文化志》编辑委员会编：《余杭文化志》，方志出版社，2021年。

第五章

民间祭祀——凭将清泪洒江阳

吴越地区自古就有因民间信仰而衍生的民间祭祀活动，《隋书》中就说："江南之俗……信鬼神，好淫祀。"

民间祭祀是通过一定仪式，将荤素食品、禾稼果品等物品敬献给神灵、祖灵等崇拜对象，以求庇佑赐福的活动。

杭州地区的民间祭祀活动，以家族后代祭祀祖先者为多，也有祭祀民众心中的偶像者，如富阳祭祀孝子周雄的孝子祭；也有祭祀公正为民的好官者，如建德李村祭祀被称为白山大帝的吴雄。祭祀的日子大多为先祖忌日，或结合传统节日而举行。

民间祭祀活动中蕴含感恩祖先、感恩清廉之臣、感恩孝义人物的闪光思维，实为中华民族的优秀文化传统，将这些发扬光大，可成为建设和谐社会的巨大正能量。

朱家村赛猪头祭祖先

宋末元初那会儿，有一天，在建德路淳安县中部崇山峻岭中的一条山道上，突然来了一群人，有男人，有女人，有老人，也有孩童。他们挤在三辆牛车上，脸上都露出一副疲倦的神态，随着牛车发出的吱嘎吱嘎声，摇摇晃晃地进入深山当中。

当牛车行到山谷中的一片平地时，坐在牛车前面的一位长者突然袭击对赶车人说："停下，赶快停下！"

赶车人吁的一声吆喝，牛车嘎一声停了下来。那位长者跳下牛车，站在山道边的一块石头上，向四周望了望。见这里山峦叠翠、溪水清澈、景色优美，便对随行的眷属们说："此地超然不群，山水形胜，又有土地可以开垦，是个落脚之处。"

于是，这群人就纷纷跳下牛车，伸了伸已经坐得酸麻的双脚，便从牛车上卸下行李。

这群人从何地而来？为什么要到这深山野地中来落脚呢？

原来，他们是南宋赫赫有名的理学家朱熹[1]的后裔，那位长者是朱熹的第四代曾孙，名叫朱澹。他们为了躲避元军，从徽州婺源一路逃难而来，最后来到了这淳安县的深山峡谷之中。

话说朱澹带领这群朱熹后裔在这里落脚后，就把大家召集在一起，吩咐男人们上山砍来树木和茅草，女人们将茅草编成草栅。不到一个月的工夫，就在山谷的溪边平地上搭起了几间茅屋，算是安了家。

这半山腰中几间比较简易的草舍，开门可见山，抬头是蓝天白云，屋前溪水流淌；眺望远方，掩映在雾气里的青山翠谷，浓的，淡的，深的，浅的，就像一幅天然的水墨山水画。

这天早晨，朱澹在草屋边的山脚平地上转了一圈，还用手拨开野草，抠了一块泥土，拿到鼻子前闻了闻。他叫来儿子、侄儿们，指着手中的这把泥土，对他们说："我们所带的粮食已经所剩无几了，最多只能吃上半年，粮从何来？"他把手中的泥土往地下一扔，接着说："脚下的这片土地，就是我们的粮库。"

俗话说，一分耕耘，一分收获。半年后，这山脚下的一片片荒草地变成了一块块良田，田里播种水稻，地上栽种土豆和蔬菜。每家每户还割草养猪。一个家园在朱熹后裔的双手中慢慢形成，日子也慢慢地滋润了起来，他们心中那种恍惚也逐渐消失，山谷中渐渐形成了一个村落。

人有姓，村有名。这天，有个外地人来到这里，问朱澹："你们这村子叫什么名字呀？"朱澹愣了一下，然后回答说："我们这村里的人都姓朱，就叫朱家村吧。"

---

[1] 朱熹（1130—1200），字元晦，号晦庵，别称紫阳，谥号文。祖居徽州婺源（今属江西），出生于南剑州尤溪（今属福建）。南宋理学家、教育家。

从此，朱家村的名字就这样叫开了。

到了第三年的春天，朱澹请来了一位会堪舆的先生，没说要做什么，只是带着他在村子里转了一圈。

这先生不解地问朱澹："你带我转了一圈，是要做什么呀？"

朱澹没有直接回答，问道："先生觉得这里哪个地方是最有灵气的？"

先生指着村东头的一块山岗说："那里背靠一座青峰，面对一条清溪，风从山谷而来，水从脚下流过，实乃风水宝地也。"

朱澹听了这话后，欣然说道："就在这里，就在这里。"

原来，朱澹来到这里落脚后，觉得朱氏血脉能在这穷乡僻壤延续，不断兴盛，这是祖宗的恩赐，千万不能忘祖。于是，想要在这里建造一座朱氏宗祠，以祭祀先祖朱熹。

建造祠堂的地方选定后，便立马动工。到了第二年的秋天，朱氏祠堂在这青峰山下落成了。

这天，朱氏祠堂披红挂彩，由朱澹亲自题写的"朱氏宗祠"四个大字的匾额，悬挂在祠堂大门上方。朱家村朱氏族人在朱澹的带领下，将朱熹神像供奉在祠堂第三进诚正堂的正中位置上。然后，朱氏族人一一跪拜。

光阴如梭，转眼过了五年，朱家村已经发展成有几十户人家的大村落。

这年冬天，快要过年了。这天，朱澹正在村中的小道上走着，心里在想：过年时，我们用什么来祭祀祖先呢？

就在这时，他突然听到嗷嗷的猪叫声。

"哎，有了！"他双手一拍，赶紧把各房族人叫到跟前，对他们说："如今我们朱家村人丁兴旺，这全靠祖宗的庇佑。从今往后，每年过年我们都要祭祀祖先，不忘祖宗功德，祈求安居乐业。"

他接着说："祭祖时，每家每户献一个猪头，谁家的猪头最大最好看，就是对祖先最敬重。"

有人问朱澹："那我们祭祖是在哪一天呀？"

朱澹想了想，说："先祖朱熹忌日将临，过了正月初三，各家准备祭品猪头，初六一早在祠堂开祭。"

正月伊始，朱澹便派人打扫祠堂，挂上红灯笼，贴上对联。整个祠堂张灯结彩，非常喜庆。

到了正月初四那天，朱家村是一派热气腾腾的景象，家家杀猪，处处猪叫，小山村里唱响了一曲曲欢乐的歌。

各家将杀好的大猪头先摆放在自家门口，再将猪头进行一番精心装扮，显得更加喜庆，更加神气。

那高高竖起的两只大耳朵，像两把大大的蒲扇，它不是在招风，而是在招财进宝；那翘得高高的猪鼻子，似乎在赌气地说："谁说我的鼻子难看？我能用鼻子拱地三尺，比人的手还厉害呢！"

初五下午，朱家祠堂前的广场上锣鼓喧天，竹马扬鞭起舞，狮子欢腾嬉闹，欢声笑语充满整个山谷，直至太阳下山才慢慢静下来。

这天深夜，将近子时，咣的一声，铜锣在这山村敲响。各家听到这锣声，便开始烧饭，要用当年新米煮的饭供奉祖先。

不多久，第二声锣敲响，告诉各家做好准备，要将猪头送到祠堂。这时，每家的男主人穿着崭新的衣服，好像前线的战士，就待一声号令，立即出征。

子时一到，第三声锣响起，恰似冲锋号在山村吹响。此时，朱氏祠堂大门大开，经过精心打扮的猪头盛在红色挈盘里，朱氏各家男主人或捧，或挑，或拎，如潮水

猪头祭祖

一般，争先恐后地拥入堂内，都想把自家的猪头摆在供桌的前排，供奉先祖。

霎时间，朱家祠堂诚正堂正中朱熹夫妇塑像下的八排供桌上，整整齐齐地摆了上百个猪头。一眼望去，恰似猪头的大聚会，也是猪头的大比拼，那场面十分壮观。

有的猪头嘴巴里含着一条长长的猪尾巴，有的猪头上绕着一段猪肠，均象征着一头整猪；有的猪头上放一块小红布，上面撒着盐，表示年年有余（当地"盐"与"年"发音相近）。

不少人家还在装猪头的挈盘里放一把小菜刀，让祖先用菜刀享用美味的猪肉。还有的用鲜花、橘子、粽子将猪头装饰得花花俏俏。

几乎每个猪头的鼻孔里都插有一片绿色的长叶子，在那一片肉色的猪头中，显得那样青翠显眼。那绿叶子被当地人称为"万年青"，常年绿色，生命力强，寓意万古长青，长长久久。

寅时时分，身穿紫红色绸袍的朱澹在几位朱氏长辈的陪同下，绕供桌四周巡视了一圈，点评着谁家的猪头气派，哪家的猪头装饰漂亮，欢声笑语，响彻祠堂。

辰时一到，朱澹站在诚正堂上方，面朝祖先朱熹夫妇塑像，虔诚地三鞠躬，然后轻声说道："承蒙先祖恩赐，朱氏后裔在此发扬光大，家业重兴，为不忘祖先功德，诚以猪头相祭，愿先祖佑护，安居乐业，血脉永传！"

朱澹祈祷完毕，朱氏一长辈高声喊道："众朱氏族人进香祭拜！"

此时，朱氏族人纷纷拥入诚正堂，在朱澹的带领下，男男女女，老老少少，齐刷刷地站在朱熹夫妇的塑像下。

"一叩首——"随着朱氏长辈的号令，众朱氏族人向朱熹夫妇塑像叩拜。

"二叩首——"朱氏族人再拜。

"三叩首——"朱氏族人怀着对先祖的崇敬之情，虔诚地叩首致礼。

"击鼓鸣炮——"顿时，鼓声大作，鞭炮轰鸣，群山回响，溪水欢跳，山村充满一派祥和美好的气氛。

鼓声中，十二匹高头竹马在一阵战马嘶叫声中冲入诚正堂，红马、黄马、白马……上下腾跃，左右回旋，马头高扬，马啸声声。鼓声、欢呼声响彻云天……

小链接：

朱家村猪头祭祖这一独特的地方民俗一直传承至今，且场面越来越大，如今成为淳安县乡村旅游一大特色项目。朱家村"猪头祭祖"于2009年被列入第三批杭州市非物质文化遗产代表性项目名录。

杭州有个元宵钱王祭

后唐长兴三年(932)初冬的一天,劲吹的阵阵西北风,给杭州城送来了冷空气,寒气逼人,西湖边那已经凋谢了叶子的梧桐树枝,被刮得摇摇摆摆,发出呜呜的呼啸声。

这天清晨,重病躺在床上的吴越国国君钱镠,听到窗外那呼呼的风声,心中突然一阵抽紧,暗想:我这身子已经难于复春,将随冬风而去,可这数十年倾心保境安民的宏大志愿,断然不能随风飘去,须有后者继之,持之以恒。

钱镠想到这里,立即吩咐身边的侍卫传令下去,要各位臣子立马过来。

各位大臣听到传令后,一个个心急火燎地赶到了钱镠榻前。钱镠见臣下已经到齐,便硬撑着病体坐了起来,将上半个身子在床榻上靠住,然后吃力地说道:"各位,我今日召集你们过来,是有重要的事儿托付给你们。"

众大臣知道国王要说什么了,便异口同声地说:"王上玉体定会安康,不必急于……"

"不，不，不，"钱镠连忙打断众大臣的话，接着说，"我的儿子们大多愚蠢懦弱，只怕难于担当大任。我死后，请你们从中择贤而立。"

既然国王说到了这个份上了，众大臣也就开门见山地说了。在场的大臣相互交换了一个眼色后，一位大臣凑近钱镠，轻声说道："我等一致推举七王子元瓘为继承人，不知王上意下如何？"

钱镠想，元瓘曾在讨伐叛乱、抗击贼寇中立有大功，相比其他六个儿子略胜一筹。于是，他向众位大臣点了点头，轻声说道："那就立元瓘为继承人吧，还望众臣鼎力相辅，让吴越江山……"

钱镠话还没说完，一口鲜血从嘴里喷了出来。众大臣急忙围上前去，拼命呼喊："王上！王上！"可是，千呼万唤，已经唤不回这位曾为"钱塘富庶盛于东南"付出一腔心血的开国国君。

且不说钱镠逝世后，吴越国休朝七天，举国哀悼；也不说钱元瓘继位后如何实施保境安民国策，直至三世五王；只说到了北宋熙宁年间，有一天，杭州知州赵抃巡视钱塘江海塘，面对滔滔钱塘江水，心中猛然想起曾为钱塘江修建捍海石塘的吴越国王钱镠。

第二天起，赵抃遍走杭州山水。当他走到玉皇山时，发现这里地处钱塘江与西湖之间，远望如巨龙横卧，雄姿俊法，且与凤凰山首尾相连，颇有龙飞凤舞之意。于是，他立即下令，在这玉皇山中建一座"表忠观"，以祀为杭州城发展作出卓越贡献的钱王。

表忠观落成那天，知州赵抃还特意邀请苏轼[①]到场。

① 苏轼（1037—1101），字子瞻，号东坡居士，世称苏东坡。眉州眉山（今四川眉山）人。北宋文学家、书画家。曾知杭州、颍州、密州等地。苏轼任杭州通判时，治理西湖，修复水井，解决杭州城吃水问题。

他陪同苏轼在表忠观走了一圈后，对苏轼说："今日请您这位大文豪来此，是有重托于您。"

苏轼哈哈一笑，接着说："知州心中所想，我已略知一二，不就是要在下为表忠观撰一碑记嘛！"

赵抃连忙拱手笑道："东坡兄，非您莫属，非您莫属也！"

话说这玉皇山下的表忠观建成后，一时间，杭州人纷纷前往，山路之上，人群络绎不绝。爱民为民之人，无不受人爱之敬之呀！

时间流逝，宋元之际，战火连绵，南宋王朝在元军的大举入侵下，无力抵抗，弃城南逃。临安城到处兵荒马乱，玉皇山上的表忠观也未能幸免，被元兵付之一炬。

转眼到了明代嘉靖年间，胡宗宪就任浙江督抚。这位在抗击倭寇中立下赫赫战功的武将，对钱镠攻入越州、讨平董昌的战略、战术颇为赞赏。

有一天，胡宗宪巡视西湖疏浚工程，他沿着湖边小道从北山向南行走，不知不觉地来到了涌金门外。见这里香客络绎，香烟缭绕，便问身边的随从："这里有个寺院吗？"

随从指着不远处的一座建筑回答说："大人你看，那里就是寺院，原先是吴越国王钱镠的临湖别墅，因为园中生长灵芝，钱镠便将它舍而为寺，这寺院就叫灵芝寺了。"

胡宗宪一听，连忙跟着随从来到这灵芝寺。踏进寺院山门，只见这里丛林深深，"浮碧轩""依光堂""云会堂""日观堂"等殿宇，一座座宏丽而华整。

胡宗宪一边看一边想，突然萌生了一个念头：既然本是钱镠之所，何不物归原主？想到这里，他回头对侍从说："即日起，这灵芝寺改为表忠观，加以整修后，专祀吴越诸王。"

整修后的表忠观，取灵芝寺部分建筑，增殿塑像，围墙竖坊，浑然一体。表忠观既傍碧波荡漾的一池西湖，又可闻绿树森森中的莺歌燕语。

走进表忠观，沿着青石板甬道前行，穿过一道道石牌坊，眼前蓦然可见一座竖立着的钱镠塑像。他身披盔甲，怒视前方，器宇轩昂，一身正气，使人不得不敬畏三分。

钱王塑像的不远处，是正对山门的两个荷塘，水光潋滟，绿意盎然，给这肃穆之地平添了几分诗意与柔情。

荷塘后面是垂柳掩映的"功德坊"，轩昂的牌坊与表忠观的山门遥遥相对，红色的"八字墙"围起的山门显得大气、庄重。

推开山门，映入眼帘的是一座座古色古香的建筑，庄严肃穆，雄伟轩昂，让人仿佛感到了历史的凝重。那功臣堂、五王殿、献殿、戏台，错落有致，韵味浓郁。

从玉皇山下到西子湖边，表忠观历尽了世事变迁。

冬去春来，朝代更迭。到了清朝乾隆年间，有一年，乾隆皇帝下江南，在游历西湖风光时，来到涌金门外的表忠观。皇帝大步走进观内，在五王殿驻足仰视一番后，对身边侍卫说:"快拿纸墨来!"

乾隆皇帝仰头一思,提毫挥墨,在宣纸上写下"忠顺贻庥"四个刚劲有力的大字。

乾隆皇帝欣赏了一番自己写的字,龙颜微喜,随口说道:"桑梓之民皆称钱镠为钱王,这表忠观也可称钱王祠呀。"

虽是皇帝随意一说,可圣口一开,从此,这表忠观就叫作钱王祠了。

这一年的大年初一,杭州城里喜气洋洋,在西湖边的钱王祠五王殿里,聚集着十几个人,他们都是钱氏后裔,七嘴八舌地议论着。

有一位年岁较长者,咳了一声后,右手在空中挥了挥说:"诸位,杭州人民纪念钱王历史功绩的活动,从宋代时起就有之,我钱氏后裔更当承其传统,仍于元宵节最后一天即正月十八在此钱王祠祭祀三世五王,还望钱氏子孙届时尽至呀。"

在场的钱氏后裔一致赞同,并推举这位长者为元宵钱王祭的主祭人。

元宵一过,钱王祠里披红挂彩,红色的地毯从山门一直铺到五王殿,肃穆中平添几多喜气。

正月十八这天早晨,和风拂柳,温暖的阳光洒在树林上,黄澄澄,亮晃晃的。西湖一池碧水之上,笼罩着一层乳白色的轻雾,仿佛是一位少女披着的缥缈纱巾,在微风里微微飘动。

辰时时分，众钱氏族人从四面八方纷纷来到钱王祠。有的手捧鲜花，有的拎着花篮，有的携老扶幼……一时间，五王殿前人头攒动，每人脖子上都围着一条黄绢。

巳时一到，雅乐奏响，司仪高唱："乙卯年钱氏族人元宵祭钱王现在开始，请主祭入场就位——"

肩披写有"主祭"两字的红色绶带的主祭人，在三名副祭的陪同下，踏着红地毯，从献殿前缓缓向五王殿走来。

主祭人走上设在五王殿门前的高台上，背后上方"保境安民"匾额下，挂着"乙卯元宵钱王祭"巨大横幅，红底黄字，庄重大气。

主祭人站定后，高声唱道："我钱王深爱故土，不忘根基，请里人向钱王献圣土圣水——"

两位钱王故里的钱氏后人，分别手捧用黄绢包裹的一碗土和一碗水，虔诚地走向五王殿前的供桌，轻轻地供于桌上，然后向五王殿深深鞠躬。

"击鼓撞钟，向钱王敬献祭品——"主祭高声一唱，鼓声嘭嘭，钟声朗朗。

钟鼓声中，五名钱氏青年，身穿红色衣衫，分别捧着熟肉一方、熟鸡一只、羊肉一方、熟蛋十六个、熟鱼一尾，端端正正地供于供桌之上。

主祭接着高唱："向钱王敬香——"说着，主祭接过递来的一炷粗粗的高香，在一名儿童陪同下，向五王殿叩拜后，将高香插入香炉。接着，三名副祭进香，然后众钱氏族人一一向钱王敬香。

"请副祭恭读祭文——"

一名副祭登上红台，展开手中绢轴，声情并茂地宣读祭文："岁次乙卯，时值上元，大地回春，万象更新。来自各地的钱氏哲嗣、贤良政要，谨奉鲜花雅乐、三牲福礼，致祭于吴越钱氏三世五王。烈祖皇皇，作作生芒。霜寒一剑，拥旄辟疆。因功赐券，就武封王……矢言致奠，寓彼烝尝，祖其有灵，伏惟尚飨。"句句抑扬顿错，字字饱含深情。

祭文诵毕，音乐响起，在场的数百名钱氏族人齐声高唱《钱王颂》，嘹亮美妙的歌声飞出钱王祠，越过西子湖面，在四周山脉中回响。

"献祭舞——"

由笛子、逗管、椰胡、云锣、狼串、大小锣、清鼓等组成的十番乐队，叮当一声碰铃后，弦乐、管乐、锣鼓一齐奏响，时而如钱江波涛，奔腾汹涌，时而如西湖杨柳，低声轻吟。

乐曲声中，一队男女翩翩起舞，那刚柔相济的舞姿，那跌宕起伏的情节，把对钱王的一腔敬意演绎得淋漓尽致。

"恭读《钱氏家训》——"

"……信交朋友，惠普乡邻。恤寡矜孤，敬老怀幼。救灾周急，排难解纷。修桥路以利人行，造河船以济众渡。兴启蒙之义塾，设积谷之社仓。私见尽要铲除，公益概行提倡。不见利而起谋，不见才而生嫉。小人固当远，断不可显为仇敌。君子固当亲，亦不可曲为附和。……"

钱镠订立的《钱氏家训》的朗朗诵读声，似阵阵春雷，穿越钱王祠，和着钱塘江的滚滚浪涛，传得很远很远……

小链接：

"钱王祭"是杭州特有的元宵习俗，2009年被列入第三批浙江省非物质文化遗产代表性项目名录。杭州钱王祠始建于北宋熙宁十年（1077），初名"表忠观"，元代毁，明代再建，至中华人民共和国成立前已破损不堪。2002年动工重建，2003年竣工。2008年正月十八，杭州钱氏后裔在杭州钱王祠恢复举行中断一百四十年的元宵钱王祭。

李村抬阁祭白山大帝

北宋雍熙年间,建德玉华山(当地人称为白山)南面稀稀落落地住着十几户人家。听住在这里的人说,他们是唐朝兵部尚书李靖的后裔,从长汀源迁居到这里。因此,他们自称玉华李氏,奉十一世祖李琏为始迁祖。

玉华山下有一大片平地,玉华李氏便将它开垦成良田,日子也过得有滋有味,人口慢慢增多,这地方便叫作李村了。

可是有一年,这里遭遇大旱,玉华山下原本水流湍急的小溪也见了底。没了水,田地干涸,禾苗被毒辣的骄阳晒得一片焦黄。这玉华李村的人,看着辛辛苦苦种下的水稻将颗粒无收,心中好似油煎一般焦急。

他们四处寻找水源,可跑烂了脚底板也没有找到一滴水。于是,病急乱投医,来到山腰向乌龙王求雨。

正当玉华李氏村人们燃香祷告,呼喊龙王降雨时,天上突然乌云密布,雷电交加,可就是不见有雨落下。大家抬头一看,原来,雨都落到山的那边去了,山这边却一点雨也没有。

山这边的人心里有多气愤？他们一气之下，轰的一声，推倒了乌龙神像。就在这时，山那边的乌云飘过山岗，雨也被带到了山的这边，玉华山下顿时大雨如注，而且这雨还带有浓浓的红色。

众人在兴奋之中抬头一看，只见天上云层中有一位白衣神缓缓飘过山岗。这时，有人指着天上的白衣神大喊："那不是办事公正的吴雄吗？！"

吴雄是何许人也？他是河南人，出身贫寒，后梁龙德年间官授司徒，辖浙江各州。他为官正直，处事公道，深得百姓爱戴，因勤政劳累而卒于任上。

传说吴雄生前倾慕玉华山美景，因忙于政务，未能如愿，死后遍游玉华山，总想在此长留。

就在这天，他神游玉华山时，听到山这边乡民的呼喊声，朝下面一看，不由得火冒三丈。

吴雄为何生气？原来乌龙王私自将雨都降在了玉华山北面，山南边却滴雨未下。看到这不公正的事，他能不恼火吗？

吴雄连忙上前对乌龙王说："山北已经涨大水了，何不分一点到山南面去呢？"

乌龙王回答："我的庙宇在山北，那里乡民敬我、供我，人间有亲疏，神仙也自然如此呀。"

吴雄多番劝说，乌龙王仍是我行我素。

吴雄恳求似的对乌龙王说："只要能给山南降雨，

你叫我干什么都可以。"

乌龙王看着吴雄非常着急的样子,便随口说了一句:"不用我下雨,你的血可以救干旱呀。"

吴雄一听,便毫不犹豫地用嘴巴咬开手上的血管,双手一挥,将自己满腔热血抛洒在空中。

这时,只听见半空中轰隆隆一声巨响,一场带有血红色的甘霖,降在了玉华山南大片干涸的田地里。

这也就是玉华李村人为什么会看到这雨中带有浓浓的红色了。

雨下了,干旱解除了,田里的禾苗返青了,而吴雄因为失去多年修炼的精血,跌落在玉华山脚,再也爬不起来了。

此时,李村人是既感动又感激,于是一起跪倒在雨中,朝着吴雄跌落的地方不断地磕头,并许愿为其建庙,虔诚祭祀。

玉华李村人说到做到。这年秋天,李村人在吴雄跌落的玉华山脚,建造起了一座庙,因玉华山俗称白山,故这庙就叫作白山庙。李村人在庙里塑起吴雄的神像,称他为白山大帝。

这年冬天,李村的族长把村里几位长辈叫到了白山庙,一同商议如何祭祀白山大帝。

有人说,白山大帝为我们失去了精血,我们要用轿子抬白山大帝进村,让他看看我们的村子。

有人说，光白山大帝一顶轿子不够，还要做八副抬阁相护相送，这样才够热闹。

还有人说，白山大帝生前喜爱玉华山的风景，我们要让白山大帝在山下好好巡游一番，让他好好观赏这玉华山美丽的风光。

族长听了众人的话后，喝了口茶，慢悠悠地说："大家刚才的提议都很有道理。要我说呢，祭祀那天早上，把白山大帝从白山庙请出来，在村里看戏、观山景，完了之后呢，再把白山大帝请回到白山庙中。请回去时，用八座抬阁相送白山大帝。大家意下如何呀？"

几位李氏长辈觉得族长这样安排比较妥当，便一致赞同。可有一位长辈问族长："那祭祀的日子选在哪一天呢？"

族长还是慢悠悠地说："要我看呀，原先二月二龙抬头，我们村都是祭乌龙王，如今乌龙王如此无理不公，二月二我们不再祭乌龙王，就祭白山大帝。"

众人一听族长的话，觉得说到他们的心坎里了，纷纷举双手赞成。

此时，族长提高了嗓音，很认真地说："祭祀白山大帝，可是我们李村的一件要事，是我们李村人感恩白山大帝的一件大事，各位乡邻务必认认真真，做好各项准备工作。"

族长说完后，对各项准备事宜一一进行了安排，大家分头落实。

到了第二年的二月初一，李村的这位族长先到白山庙查看，只见庙里庙外打扫得干干净净，庙门左右挂上了红绸。他接着回到村子里，看到村口的广场上一个大戏台已经搭好，就等着明天锣鼓敲响；村子里的人三五成群地在装扮一个个抬阁，人们都是那样认真投入。

二月初二的早晨，刚从东边山岗上升起的太阳，红彤彤的，像个刚出炉的大铜盘，熠熠生辉，将蓝蓝的天空上的云朵涂抹得金光闪亮，也给大山中的小山村披上了一件金色的轻纱。

就在这时，咣咣两声传来，大铜锣在白山庙敲响，惊得山林中的鸟儿扑棱棱地到处飞着。

"李村人感恩白山大帝，请白山大帝出庙巡村，吉时开启——"辰时一到，族长一声高喊。

"众李村族人进香祭拜——"随着族长的号令，李村男男女女、老老少少，手持清香，鱼贯似的进入白山庙，向白山大帝进香后，纷纷跪拜，人人心里怀着一腔感恩之情。

滴水之恩，当涌泉相报，实乃中华民族的传统美德！

"大帝启程，鸣锣奏乐——"随着族长的又一声高喊，锣鼓齐奏，乐曲高亢。鼓乐声中，八名轿夫抬着白山大帝的座轿，缓缓行出白山庙。白山大帝后面，是八面红色的大旗。大旗后面是鼓乐队，接着是一班武士和三条龙灯、十八只马灯以及李村族人，浩浩荡荡向李村走去。

族长陪着白山大帝座轿，先在玉华山下巡游一番，请白山大帝观赏玉华山风景，然后来到李村村口广场，请白山大帝看戏。

白山大帝的座轿在广场一落定，戏台上立即敲响开场锣鼓。一阵"急急风"之后，唢呐吹奏出马的嘶叫声，一名武士打扮的马夫哒哒哒哒连续十几个虎跳上场，啪的一个马步亮相。接着，一名身穿盔甲、手持大刀的将军急步登场，长须一捋，双目一瞪，放喉高唱……

戏文结束，白山大帝要回白山庙了。此时，族长高喊："恭请白山大帝回宫——"

鼓乐声中，八名轿夫嘿的一声，轿杠同时上肩。

"起步——"随着族长一声号令，八名轿夫抬起白山大帝座轿，迈小步，缓缓而行。

"抬阁相送——"族长再次发出号令。

这时，在广场一侧早就准备好的八台精心打扮、各有主题的抬阁，依次紧跟在白山大帝的座轿后面。

走来的第一台抬阁是"程咬金救主"。由四人抬着的高五六米的抬阁上，上下分别或站或坐着两个六七岁的孩童。站在下面的是上穿黑衣，下穿白裙的程咬金，他手持一把斧子，不时地上下舞动着。他身后坐在一块岩石上的是身着龙袍的李世民。

那"三斧定瓦岗"的唐朝开国大将程咬金，两次救唐王李世民的故事，在这座抬阁上精彩演绎。

接着走来的第二台抬阁是"尉迟恭御园护主"。在唐高祖的御果园里，单雄信一路追杀秦王。此时，尉迟恭独马单鞭，快马向前，一鞭抽倒单雄信，秦王得救。

抬阁上扮演尉迟恭的一名孩童，正在跃马扬鞭，一手高高扬起。那扮演秦王的小孩，凌空站在一根挑出的铁杆上，摇摇欲坠，着实让人捏一把汗！

第三台、第四台抬阁分别是"樊梨花大破金光阵"和"穆桂英挂帅"，扮演两名女将的两个女孩，分别站在六七米高的独木杆上，手舞兵器，还要不停地旋转。观众大喊："好险，好险啊！"

接着，第五台抬阁是"吕洞宾采药戏牡丹"。身穿绿色道服，面戴黑色胡须的吕洞宾，一副文质彬彬的扮相。那坐在高高石头上的一名小女孩，身穿牡丹花裙，肩扛锄头，一手拎一只药篮，一手拿着蓝色手帕，不停地在向吕洞宾挥舞，实乃一幅妙趣横生的画卷。

"哇，这小女孩凌空站在芭蕉扇上多危险啊！"人群中有人高喊。

原来，最后过来的第八台抬阁是"孙悟空巧借芭蕉扇"。扮演孙悟空的小男孩，头上高高竖起两根雉鸡翎，戴猕猴面具，肩上扛着一把大芭蕉扇，一副得意扬扬的神态。

那扮演铁扇公主的小女孩，扮相俊俏，神态自然，凌空站在孙悟空扛着的那把芭蕉扇上，还晃悠悠地上下颤动着，怎能不叫人提心吊胆呀？

八台抬阁，八幅画卷，蕴含着李村人浓浓的感恩之情，蕴含着李村人浓浓的祈盼美好生活的愿景……

小链接：

"李村抬阁"于2012年被列入第四批浙江省非物质文化遗产代表性项目名录。在李村，历来就有"时节大于年"的说法。每年二月二时节时，抬阁就成为重头戏。近年来，李村以抬阁习俗吸引慕名而来的游客。抬阁现已成为李村独特的旅游项目，促进了乡村振兴。

新叶三月三迎神祭祖

东晋著名书法家王羲之做梦也想不到,他在"三月三"(即上巳节)那天举行的兰亭雅集,竟然会被建德新叶叶氏族人效仿,成为另一种场合的雅兴盛会。

北宋靖康二年(1127),汴梁城外传来急促的马蹄声,金军长驱直入,轻轻松松地攻入了汴梁。可惜呀,当时可称为世上最大、最繁华的城市,霎时被抢劫一空,付之一炬,赵宋王室宗亲、女眷几乎全被俘虏,史称靖康之变。

这天,正在城外的赵构,眼见形势不妙,大势已去,急忙换上便服,招呼身边一班人马,仓皇向南而跑。

到了南京应天府(今河南商丘),赵构心想,这乃是我大宋的国土,怎能无主,便登基称帝,举起一面大旗,然后继续一路南逃。

在赵构南渡那长长的队伍后面,有一群跟着南迁的叶氏族人。他们是居住在今天河南南阳的一支叶氏后裔。这些叶氏族人跟着赵构一帮人疲于奔命,从应天府一路向南,渡过滚滚长江,翻越崇山峻岭,来到建德大慈岩玉华山下。

经过没日没夜的长途奔波，这些叶氏族人已经疲倦不堪，一个个倒地喘息。

这时，这群叶氏族人的领头人硬撑着身子，在这荒无人烟的地方转了转，觉得这里远离尘嚣，身后一脉山崖宛如天然屏障，一条溪流从山中蜿蜒而来，这叮咚的流水声，顿时让疲惫的他觉得心旷神怡。

此时，他心中似乎有了主意，便仰天长叹一声："苍天有眼，不绝我叶氏也！"

于是，他连夜召集族人，把自己要在这里落脚安家的想法告诉大家，还提出了新家园建设的宏伟蓝图。

从此，这群叶氏族人便在这名领头人的带领下，在玉华山下开辟家园，垦地种粮，慢慢地形成了有田、有房、有山、有水的新村落。

这天，这名领头人在村里边走边想：这村坊总得有个名字呀。他突然灵光一闪，这不是代表叶氏在此重生吗？便脱口而出："新叶村！"这玉华山下新叶村的名字也就慢慢传开了。

光阴流转，到了元至元年间。这天，玉华叶氏三世祖叶克诚（字敬之，号东谷居士）正在与几位叶氏长辈商议建造叶氏祠堂，忽听门外有人在问："东谷在吗？"

叶克诚听到有人唤他名号，觉得这声音好熟悉，便连忙站起来走到门外。

"哎呀,是老师您啊,您如何来到这穷乡僻壤?"

"哈哈,东谷哇,踏破铁鞋无觅处,得来全不费功夫。是玉华叶氏在外的名声给我引来的。"

原来,来者是理学家金履祥,学问非常渊博,叶克诚曾拜他为师。

师生二人因兵荒马乱而东离西散,此次在此相见,那是久别重逢,格外亲热。

叶克诚引老师金履祥进屋落座后,金履祥对叶克诚说:"东谷,你家业已经初成,可万万不能耽误群儿之学!"

叶克诚一听,知道老师话里有话,便拱手上前,对金履祥说:"老师此次前来,对学生定有盼咐,请老师不吝指教!"

"哈哈,东谷真是聪明之士。"金履祥接着说,"耕可富家,读可修身,东谷是否有过在此建一书院的打算?"

其实,叶克诚也早有建造一方书院让族人读书明理的计划。今日听老师一说,便回复道:"老师所言,学生顿悟,书院之事应立马动工,还请老师多多指教。"

经过一年多的精心营建,这座颇具规模的书院终于落成了,它依水傍山,宽敞明亮,颇为雅致。

书院开院这天,叶克诚延请了老师金履祥。叶克诚对金履祥说:"老师,书院已经落成,就缺一额,还请老师惠赐。"

金履祥晃了晃脑袋，欣然提起毛笔，在宣纸上写下"重乐书院"四个大字，顿时响起一片鼓掌声。

"再振理学，乐于其中也！"金履祥摇晃着脑袋，一字一顿地说道。又一阵掌声在书院响起。

书院创办初期，叶克诚延请金履祥的学生许谦、柳贯等一批著名文人会集重乐书院，研习儒学，吟诗唱和，不以功名为务，因此名声远播，慕名而来者络绎不绝。

这天，金履祥和他的学生在重乐书院研习儒学，叶克诚对老师说："书人羲之三月三兰亭雅集颇为风雅，我辈当效仿，不妨也于三月三在重乐书院结交社友，吟诗赏景，老师意下如何？"

金履祥听后立即拍手称好，连声说："东谷的提议甚好，甚好！"

从此，每年的三月初三这一天，金履祥和他的学生叶克诚、金华的许谦、浦江的柳贯等人，在重乐书院相聚吟诗，以文会友，以友辅仁。真可谓"志合者，不以山海为远；道乖者，不以咫尺为近"。

时间似新叶村边的小溪流水，一转眼，玉华叶氏的族长成了六世祖叶仙璈（玉华叶氏称之为九思公），玉华叶氏也已经枝繁叶茂，发展成七个分支。

这年的秋天，玉华山上成片的银杏树在秋阳的照射下，发出耀眼的金黄色，几树红枫点缀其中，分外醒目。

这天，叶仙璈走在新叶通往儒源的路上，走了没多远，就到了一座庙。这庙里供奉着关帝、观音、胡公、吕祖

新叶三月三

和叶氏先祖,统称"五圣",庙名就叫"五圣庙"。

玉华叶氏视关帝为城隍,能保一方平安;观音能救苦救难;胡公(即胡则)是一心为民的清官;而吕祖(即吕洞宾)是道教重要人物;叶氏先祖自然是叶氏族人崇敬的对象。因而,新叶村村民将他们心目中的"五圣"放在一起供奉,祈求村落太平,人丁兴旺,生活美满。

叶仙璈走进庙里,朝"五圣"跪拜一番后,一个念头突然在他脑中闪现。他想:玉华叶氏之兴,定是有"五圣"庇佑,何不趁三月三雅集之日举行迎神祭祖典礼,以祈求风调雨顺,五谷丰登,文运亨通,功名有成。

想到这里,他急忙回到村里,召集叶氏七房长孙,把他在三月三举行迎神祭祖的想法告诉大家。经过商议,决定每年三月三的迎神祭祖活动,由叶氏七个支派轮流操办,以一个甲子为一个大轮回。

到了第二年的二月底,叶氏族人就开始忙碌了。村里那些识字的人忙着编对联、写对联。其中有一副对联是必须有的,上联是"一年花市九分九",下联是"千古兰亭三月三"。若是王羲之看到了一定会欣喜若狂,哪料得到兰亭之风竟吹到了新叶?

三月初一那天开始,新叶村便是一派热气腾腾的景象:那边在杀猪宰羊,这边在陈列祭品;那里在布置戏场,这里在打扫祠堂。全村上下,人人动手,忙得不亦乐乎。

三月初三,春满新叶,柳绿花红,鸟鸣枝头。这天一早,玉华叶氏六世祖叶仙璥一身崭新打扮,信步来到叶氏祠堂,看到村里的数百人已经集合在祠堂前的广场。

他踏着红地毯,快步走上祠堂台阶,面朝众人,一声高唱:"良辰吉时,玉华叶氏族人迎神祭祖开启——"

叶仙璥话音刚落,广场西侧十八对炮仗一齐鸣放,"嘭嘭嘭嘭",震天动地。

一支上百人组成的迎神队伍,在鼓乐声中,浩浩荡荡地向村东头的五圣庙进发。

这时,等候在五圣庙的人员,听到声音,便点燃鞭炮,迎接迎神队伍的到来。

迎神队伍来到五圣庙前,全体停下。领头的七房长辈,代表玉华叶氏七房子孙,进入五圣庙,先向"五圣"祷告一番,然后齐声说道:"恭请'五圣'上轿,回村受祭。"

这时，从迎神队伍中走出来二十名壮年男子，四人一组，分别抬着关帝、观音、胡公、吕祖和叶氏先祖出庙，再将"五圣"分别请上座轿。

一路上，鞭炮齐鸣，鼓乐相和，所过之处，人们以鞭炮、香火相迎，叩拜"五圣"。

迎神队伍抬着"五圣"，过小桥，经牌楼，穿弄堂，绕池塘，到达叶氏祠堂。

等候在这里的叶仙璈躬身上前，向"五圣"叩首后高声喝道："恭请'五圣'进堂受礼——"

二十名壮士将"五圣"抬入祠堂厅堂正中，"五圣"落轿。叶仙璈再次高声喝道："众叶氏族人进香祭拜——"

一时间，一拨又一拨的叶氏族人，轮流向"五圣"进香。然后，跪在"五圣"神像前，叩首祭拜。厅堂上下，香烟缭绕。人群好似一池游动的鱼，顺着池水的旋转，慢慢游动着，不时激起一朵朵欢乐的浪花。

到了下午，叶氏祠堂的厅堂里，锣鼓阵阵，丝弦声声，一场善于文戏武做的戏剧《三请樊梨花》正在演出。

一身将帅打扮的巾帼英雄樊梨花，英姿飒爽，沙场挥戈，正与薛丁山一道平定西北边乱。那纯正的唱腔，声声诉说着樊梨花对薛丁山的一腔深情，和反被薛丁山三度休弃之恨。

武将薛丁山，扮相英俊，在樊梨花灵前的唱段，句句透露出对樊梨花深深爱意的忏悔。

戏文演到薛丁山知晓梨花之死是樊梨花以计相试后，转悲为喜，军帐中三请梨花，夫妻自此和好时，达到高潮，厅堂内响起一阵阵热烈的掌声。这掌声，既是对有情人终成眷属的呼唤，也是对爱情忠贞不渝的褒奖。

一出戏文结束，叶仙璷向"五圣"深深鞠了一躬，起身高喊："愿'五圣'佑护新叶五谷丰盛、人畜两旺、耕读传家、永世兴盛。礼送'五圣'回五圣庙——"

仍旧是二十名壮汉抬着"五圣"，一路吹吹打打，将"五圣"抬回五圣庙。

"五圣"归庙，厅堂戏文继续开演，直至深夜。那玉华山下的山坳里，彻夜不眠，人流如潮，锣鼓声、唱戏声，不绝于耳，曲酒香、米糕香，处处可闻。

大山下的美丽山村，到处是亲朋好友团聚的欢声笑语，到处是祈求来年风调雨顺的虔诚祈祷……

小链接：

"新叶三月三"于2012年被列入第四批浙江省非物质文化遗产代表性项目名录。新叶这个古老的山村，历八百余年漫长岁月，叶氏后裔在此已经繁衍二十几代，形成庞大的氏族聚落，至今保存着二百多幢明清建筑，被誉为"中国古村落完美活标本"。新叶三月三迎神祭祖习俗盛传不衰，是浙西大地上一道亮丽的风景。

渌渚感天动地孝子祭

南宋淳熙十五年（1188）三月初四的清晨，东方刚刚露白，富春渌渚镇周家庄（今富阳区渌渚镇六渚村）里，传出一阵婴儿的啼哭声，打破了这个小村庄清晨的一派宁静。

这个呱呱落地的婴儿，是个男孩。当接生婆把他放在红木盆里沐浴时，他母亲汪氏抬起满是汗水的头，看到这孩子在水中蹬着一双小脚，恰似蛇浴金盆，心中顿时有一种吉祥之感，刚才生产时的万般痛苦，也被这欣喜所替代了。

这个婴儿出生后，做小生意的父亲翻了翻《周易》，心想：既然是个男孩，日后就应该是杰出者，因此给他取了个单名，叫周雄。

小周雄长到三四岁时，母亲汪氏就教他读《三字经》。加上渌渚山明水秀，民风淳朴，因此，小周雄在那时就懂得不少道理。

周雄长到六岁那年，他父亲将他送到渌渚镇上的一家私塾读书。小周雄记性好，先生教的内容，回到家里，他都能背给母亲听。他还会帮助母亲做些家务。

有一天，周雄从私塾回到家，见他母亲咳嗽得很厉害。原本每次回来都兴高采烈的周雄，见母亲如此难受，一下子就没了笑容，连忙给母亲端来一碗汤药，用匙子一匙一匙地喂给母亲吃。母亲吃完了药，小周雄就用一双小手轻轻地给母亲捶背。

母亲对周雄说："阿雄，我没事的，你赶快去吃饭吧，饭菜都要凉了。"

周雄说："母亲，我不饿，等你咳嗽好些了，我们一起吃吧。"

有一天早上，周雄从家里去私塾读书，走到一棵大树下时，看见一群和他一起上私塾的小伙伴围在一起看热闹，从人群里还传来"哎呀哎呀"的叫喊声。

他赶紧钻进人群，看到有三个小孩正扭打成一团，两个大的孩子在欺负一个小的。这个小的孩子被一个大孩子猛力一推，砰的一声倒在地上，仰面朝天，另一个大孩子居然还要上去打他。围观的同学因为知道这两个大孩子很霸道，所以没有一个敢上前劝解的，只是远远观望。

正当那个大孩子想上前打这个倒地的小孩时，周雄一边喊着："不能欺负小的！"一边猛地一跃，上前一手抓住那个大孩子的衣领，用足力气，嘿的一下，将他提了起来。

别看周雄年纪小，可他身体强壮，个子比同龄的孩子高出一头，再加上他平时手脚勤快，双臂十分有力。

正当周雄把那个大孩子提起来时，躺在地上的那个孩子左脚猛然踢起，可是没踢到打他的那个大孩子，却不偏不倚误中了周雄的鼻梁，顿时鲜血直流。

周雄不但没有责怪那孩子，还忍着痛，将那两个大孩子强拉至十余步远。他顾不上擦一把鼻血，又折回扶起了那个倒地小孩，一场殴斗终于平息。

周雄和这三个小伙伴一起来到私塾，先生见周雄鼻青眼肿，以为他们四人是在路上相互殴斗，便不分青红皂白，各打手板三十，并让他们面壁罚站。

后来先生一一盘问情由，加上众学生作证，先生方知错怪了周雄。

放学后，周雄回到家里，他父亲见他脸上血迹未净，手心红肿，便厉声责问道："你今天是不是与人打架，受先生责罚了？"

周雄没有回答。

他父亲一气之下，拖着他来到灶前，要他跪在地上思过。

正在这时，从门外传来一个声音，说："使不得，使不得，冤枉他了。"

原来，那位私塾先生由于不分青红皂白重责了周雄，心中也有些不安，便在课后进行家访，刚到周雄家门口，就听见周雄父亲在喊着要周雄跪地思过。

先生赶紧进屋，上前扶起周雄，将情由一五一十地告知周雄父母，并对周雄说："先生今日错怪了你，实在不该。"

这时，小周雄上前向先生鞠了一躬，恭敬地对先生说："师为尊长，长者为父，即使错责，也是为我好，学生岂能有半点怨言。"

先生闻言，心中赞美不已，赞道："父母教子有方，此子忠、孝、德、才皆备，实难得也！"

周雄家所在的渌渚，有一条江穿镇而过，叫鼍江，是上游葛溪和松溪的汇集之流。每年春季雨水多，一逢大雨，江水猛涨，富春江水倒流入鼍江，外涝内洪，常发大水。

周雄十八岁那年，正值春天，暴雨倾盆，江水吼叫，一场洪灾似乎在所难免。

一天，周雄去江边查看水情，突然听到不远处有人在拼命地叫喊："救命呀，救命呀！"

周雄循声望去，只见一个小孩正在滔滔江水中拼命挣扎，那水浪不时打过他的头顶，眼看就要被江水吞没，危在旦夕。岸上众人连喊救命，都因为见水势凶猛而不敢轻易冒险。

正当千钧一发之际，周雄查看了一下江水的流向，便嘭的一声，奋不顾身地跳入江中，吃力地游到那即将沉没的小孩身边，他一手托起小孩，一手划水，游到岸边。小孩得救了，可周雄因为呛水多口，加上江水寒冷刺骨，病了三天。

第二天，被救小孩的父母来到周雄家，上门答谢周雄的救命之恩。正当这对父母要跪谢周雄时，他连忙上前一手拦住一人，摇摇头说："使不得，使不得！佛家云'救人一命胜造七级浮屠'，见死不救枉为人也，何谢之有？"

周雄接着说："有老必有小，老者是社会之功臣，小者是国家之财富，人人都要尊而爱之。"

就在这年的腊月中旬，数九寒天，鹅毛大雪漫天飞舞，路无行人，人们都闭户取暖。

这天，周雄母亲汪氏不慎感染风寒，头痛脑晕，四肢乏力，遍身酸软。苦研过伤科、内科、外科的周雄，见到母亲如此状态，连忙为母亲诊视。见母亲白苔增厚，舌边质淡，脉搏浮细，知是外感风寒。于是，他就为母亲开具一个方子，天天为母亲煎药。不到两天，母亲的病就好了一大半。

一日，母亲对周雄说："阿雄啊，我的病虽好了许多，可是口中乏味，想要喝鲜鲫鱼汤，但这冰天雪地，去哪里买鱼啊？"

周雄听母亲一说，心想：母之所求，儿当尽力为之，但是不能跟母亲明说，否则母亲会不让我去的。于是他对母亲说："母亲，村东头有个学生要我去辅导作业，我去去就来。"

其实，周雄不是去辅导作业，而是想去池塘里抓鱼。他拿了一个竹制的鸡罩和一个榔头，踩着厚厚的雪，来到山脚下的小池塘边。池塘结了很厚的冰。

周雄他脱了鞋袜，赤脚踩上冰面，用榔头敲开了一个冰洞，再将鸡罩伸进冰洞里，伸手去捞鱼。

这刺骨的寒冰，让周雄的手脚感到阵阵麻痛，浑身打颤。

功夫不负苦心人。经过两个时辰，终于让周雄捕捉到了两条大鲫鱼。

他母亲事后知道周雄破冰捉鱼后，既心疼，又欣慰。周雄事母之孝，便在方圆数十里传为佳话。

百善孝为先，忠臣出孝门。常存仁孝心，多行孝善事，乃是中华民族流传千年的传统美德呀！

然而，令人十分惋惜的是，有一次，孝子周雄在沿钱塘江至衢州的路上行善时，因意外落水身亡，年仅二十四岁。

南宋端平二年（1235），朝廷为彰周雄至真、至孝、至美事迹，授予其"翊应将军"封号，后又封其为"五显神"。民间则视其为"江水神"，称其为"周显灵王"，并为其建周王庙，塑像以祀。

这年的农历九月初九，天气晴朗，秋风凉爽，高远辽阔，渌渚祭孝子周雄的秋祭活动在周王庙举行。

这天清晨，周王庙前的广场上人山人海，四周插满了五彩旗，庙门前台阶两侧分别站着十名手持刀戟的武士。

这时，身穿一套紫红色长衫的周氏族长，穿过人群，走上庙前台阶,来到庙门口的平台上。他的头顶,悬挂着"周显灵王殿"的黑底金字匾额。

族长神情严肃地高声喝道:"渌渚族人祭祀大孝子周雄吉时开启——"

顿时,广场上鼓乐齐鸣,鞭炮轰响,大旗挥舞,号声阵阵。

族长接着喝道:"众族人向周显灵王三鞠躬——"

在族长"一鞠躬,二鞠躬,再鞠躬"的号令下,广场上的数千人向庙里的周雄塑像鞠躬祭拜。

此时,广场上鸦雀无声,可人们的脑子里却闪现着周雄行孝行善的一桩桩往事,那孝为天下先的美德似一

孝子祭

股清风吹入了人们心田。

"恭请周显灵王出巡赐福——"族长的一声高喊，把人们从沉思中拉了回来。

由两人抬着一面大铜锣在前面开道，四名男青年抬着周雄的真身像随后，接着是十人的仪仗队，然后是"高照"队、铜锣队、镋叉队，其后是由十六大杠抬着的周雄座轿，由花篮队、十番队、白神班护后。

出巡队伍浩浩荡荡，进东村，走西村，过横塘，巡直街，周雄一路巡视，各村设台接风，观者如潮，热闹非凡。

吹吹打打、风风光光的周雄出巡，最后到达百丈山下的郎家村时，已近天黑。

百丈山下的这座小山村，风光秀美，郁郁葱葱的树林中有幢幢村舍点缀，炊烟袅袅。绿树、白墙、黑瓦，组成了一幅田园诗画般的江南农村景色。

这小山村是周雄的外祖母家。出巡一天的周雄将在这里留宿一晚，以示省亲。

第二天一早，周雄返回周王庙，举行"孝子祭"。待周雄神像在庙里落定后，族长高喊："奏乐，上香——"

清脆的乐声在庙里荡漾，一时香烟袅袅，祈祷声阵阵。

"向周显灵王献供，请周显灵王受用——"族长话音刚落，八名老者托着装有三牲供品、五谷稻穗、果蔬鲜花的大红托盘，从庙门两侧进入庙堂，将供品供于周雄神像前的供桌上。

241

接着，族长站在庙门前的平台上，展开手中的锦卷，朗声恭读祭文，颂扬周雄感天动地的孝行、善行事迹，训导族人慕其孝义，孝事父母，爱老敬幼，弘扬美德，清净家风。

族长将祭文诵毕，再次高声喊道："众族人祭拜周显灵王，祈求灵王护佑一方水土平安，五谷丰登，家业永兴——"

说着，族长领头，先向周显灵王行三跪九叩礼。然后，在场人员一批一批地进入周王庙。人潮涌动，心潮澎湃，那孝义大德，似清澈的富春江水，不息流淌！

小链接：

富阳渌渚周雄"孝子祭"于2009年被列入第三批浙江省非物质文化遗产代表性项目名录；2014年被列入第四批国家级非物质文化遗产代表性项目名录扩展项目名录。近年来，富阳以"孝子祭"为推手，大力弘扬孝道文化，在促进乡风文明、家风和煦、社会安定中发挥了积极作用，涌现出许许多多男女"孝星"，成为构建和谐社会、和谐家庭的重要正能量。

丛书编辑部

艾晓静　包可汗　安蓉泉　李方存　杨海燕
肖华燕　吴云倩　何晓原　余潇艨　张美虎
陈　波　陈炯磊　尚佐文　周小忠　胡征宇
姜青青　钱登科　郭泰鸿　陶文杰　潘韶京
（按姓氏笔画排序）

特别鸣谢

顾希佳　林　敏（系列专家组）
魏皓奔　赵一新　孙玉卿（综合专家组）
夏　烈　王连生（文艺评论家审读组）

图片作者

临平区非遗办
朱家骥　孙奕鸣　周保尔
（按姓氏笔画排序）